2011 제18집

강촌수필

강촌수필문학회
www.kangchonessay.com

강촌수필

목차

인사말

여름은 참 여름답지 못했습니다. 마냥 내리는 비를 바라만 봐야 하는 것이 민망할 정도였으니. 그러던 것이 늦게 서야 제 역할을 해야 한다 생각했는지 한동안 또 지리한 폭염이었지요. 여름은 정말 더디게 와서 그렇게 또 가는가 보다 했습니다. 그리고 시나브로 가을이 오더니 어느 새 〈강촌수필18〉이 늠름한 모습으로 우리에게 왔습니다.

여름을 보내고 가을을 맞는 동안 강촌은 온통 동인지를 위한 진행으로 분주했습니다. 해마다 겪는 일이라 올해라고 더 했던 것도 아니건만 유난히 올 동인지에 우려와 어려움이 컸다고 생각 되는 것은 무슨 까닭인지 모르겠습니다. 모든 것은 지나가기 마련이라고 이렇게 열여덟 살이 되어 우리에게 온 〈강촌수필〉이 그래서 더욱 대견하기 이를 데가 없나 봅니다. 강촌의 가장 큰 사업이 동인지 발간에 있다면 어려움과 염려라는 것이 어쩌면 매해 겪는 강촌의 큰 즐거움 일 수 있겠구나 생각해 봅니다.

그러고 보니 올 강촌에는 기쁜 일이 많았습니다. 강촌에게 든든함을 주시는 아흔의 강범우 교수님이 시집 '혼불' 을 출간하셨고 박선규 교수님 또한 남원으로 귀향하여 미술관을 설립하셨습니다. 오랫동안 두 분을 모시며 긍지와 자부심을 가지기에 이만하면 더더욱 충분하지 않을까요.

어디 그뿐이던가요. 황경원 문우는 첫 수필집과 함께 사진집을 근사하게 선보였고 박문재 문우 또한 세 번째 작품집으로 우리를 감동시켰습니다. 강촌 유래 최초로 문우의 혼사도 뜻밖에 있었습니다. 가장 큰 경사가 아닐까 합니다.

누군가 하룻강아지를 키우기 시작했는데 자라면서 자꾸 두발로 서려하고 벽을 긁기 시작하더라는 이야기를 들은 적이 있습니다. 하도 이상해서 동물 병원엘 데리고 갔더니 개가 아니고 곰이라고 하더랍니다. 세상에는 알다가도 모를 일들이 많고 지내보니 그 사람이 예전 그 사람이 아닌 경우도 종종 있습니다. 강촌이 그냥 저러다 말 동아리라 치부했더니 어느새 몰라보게 훌륭히 커 이제 문학계에 획을 그을 만하다는 말을 자주 듣는 것처럼 말이지요. 자찬이 크게 무례하지 않기를 바랍니다.

이제 〈강촌수필〉이 곧 스무 해를 맞게 됩니다. 앞으로 2년 후를 이야기하는 것인데 벌써부터 설레고 있습니다. 그러기까지 여름을 기다리면서 가을 내내 '동인지 앓이'를 어김없이 또 치러야 할 테지요. 하지만 그래왔던 것처럼 녀석은 힘든 길 개의치 않고 순풍에 돛 단 듯 무사히 우리 곁으로 오리라는 것을 믿고 있습니다.

변함없이 〈강촌수필18집〉을 위해 살뜰히 도와주신 '신원'의 모든 분들, 고맙기만 합니다.

강촌수필문학회 회장 **배희님**

강범우

강촌수필문학회 명예회원
수필문학가협회 자문위원 | 문학평론가
수필문학가 |덕성여대교수 | 한국문협 고양지부 초대회장
국제 펜(P.E.N) 한국본부 고문

나의 좌우명

나는 처음부터 꿈이 없는 아이었다. 그러기 때문에 특별한 욕심 없이 청소년기를 보냈다. 그것도 그럴 것이 할머니나 어머니나 백모님은 항상 나에게 중요한 주문은 "많이 먹고 건강하여라"는 이야기뿐이었다. 아버지는 의병운동, 항일운동을 하시다가 일경의 체포령이 내리니 러시아로 망명을 가셨다가 십일 년 만에 귀국하신 뒤로는 조용히 농촌개량운동을 하시면서 농사에 종사하고 계셨다. 그런데도 한 달에도 몇 차례씩 길다란 군도를 찬 순경이 조사를 오기도 했다. 순경이 칼을 덜커덕거리며 대문 안으로 들어올 때면 전 식구들이 그저 덜덜 떨었다. 그런 것을 보며 자랐기 때문에 커서 관리가 된다든지 돈을 벌겠다는 꿈같은 것은 생각도 해 보지 않았다.

그러다가 열여섯이 되던 해에 유학을 떠나게 된다. 그 때에 아버지께서 좌우명이라 하시면서 붓글씨로 쓴 "출문여빈出文如賓 승사여제承事如祭"란 쪽지를 주시면서 그 내용을 설명하신다. "문을 열고 밖으로 나가 만나는 사람은 다 귀빈을 대하는 것처럼 정중히 대하고 네가 맡지 않으면 몰라도 일단 맡은 일은 제사를 모시듯 정중하게 하라" 하시면서 일생 살아가는 지표로 삼고 공부하라고 하셨다.

이것이 나의 첫 번째 좌우명이다. 나는 항상 이 말을 아버지의 명령처럼 생각하고 책상 앞에 써 붙여놓고 아침저녁으로 몇 번씩 읽었다. 지금도 수첩 맨 앞쪽에 이 글귀를 써서 항상 가지고 다닌다. 그러는 사이에 해방이 되고 6.25전쟁을 겪으면서 나의 인생관에도 대 변혁이 왔다. 너무 세상이 어지럽고 너무 세상 사람들이 악착같고 무서웠다.

전쟁, 살상, 굶주림, 배신, 불신, 참으로 무서운 세상이 되었다. 미술학교에 갈려던 꿈도 깨어지고 학교에 들어가 젊은이들에게 꿈을 가르치고 글이나 쓰며 인생을 살아가려는 소박한 나의 꿈이 생겼다. 그 때부터 나의 좌우명은 바뀌어졌다.

조선조의 위대한 사상가 이율곡李栗谷 선생은 이 땅의 젊은이들을 위해 〈격몽요결擊蒙要訣〉이란 책을 썼다. 젊은이들은 어리석은 생각을 쳐부수고 큰 뜻을 세우고 살아가는 데 대한 긴요한 가르침을 적은 책이다.

빛깔은 하늘이 주는 것이지만 날마다 살아가는 삶의 향기는 끊임없이 애쓰며 살아가는 자의 몫이 아닌가!
나는 새로 '좌우명' 을 만들어 내 책상 앞에 붙여 놓았다.
자기의 삶과 대지大地에 충실 한다면 권력이 왜 있어야 하며 투쟁이 왜 필요하겠는가!

실존實存의 자기의 의미와 깊이를
찾으려는 몸부림이 우리의 삶이 아닌가!
파도가 바람에 몸부림치는 바위섬처럼 끝없는 시련에도
내내
극복인(Ürmensch)식으로
오늘도
내일도
이렇게 살려하네

어머니는 이른 새벽마다 우물가에 나가서 정화수井華水를 떠다 장독대에 올려놓고 북두칠성에게 하나인 아들, 나에게 건강을 빌고 부지런히 노력하는 사람이 되게 해달라고 축원했다. 그것은 어머님이 나에게 주시는 사랑의 기도요, 당신의 생활의 좌우명이기도 했다.
거기에는 출세하고 성공해서 돈을 많이 벌라는 것과는 아무 관계가 없는 소원이시다. 그저 건강하고 인생을 열심히 살아가는 자기의 삶에 충실하고 대지大地에 충실한 인물이 되라는

소망이시다.

인생의 목표를 영어로 라이프 워크(Life work), 독일어에서는 레벤즈베르케(Lebenswerke)라고 한다. 인생을 보람 있게 살아가려면 자기의 라이프 워크, 자기의 레벤즈베르크를 가져야 한다.

베르린 대학 교수였던 스위스의 종교사상가 칼 힐티(Karl Hilty)는 〈행복론〉에서 인간의 생生에는 세 가지 질서가 있다. 그 하나는 힘의 질서요, 다음은 법의 질서요, 셋째가 사랑의 질서가 있는데 사회가 서로 행복하게 살려면 서로 돕고 서로 사랑해야 한다는 것을 강조하고 있다.

맹자孟子도 "인자무적仁者無敵"이라 했다. 어진 사람, 사랑이 있는 사람에게는 적이 없다는 이야기다. 우리의 고어에도 "불인不仁이면 불인不人"이란 말이 있다. 사랑이 없고 인자하지 않은 자는 사람이 아니라는 뜻이다.

우리는 무서운 시대를 살아온 사람들이다. '히틀러' 나 '루즈벨트' 가 동시에 집권했던 1940년대에도 살아봤고 '스탈린' 이나 '모택동' 이 권력을 잡았던 캄캄한 20세기 후반의 역사도 경험했다.

『거기 누구 없소』

『거기 누가 없소』절망과 같은 어둠을 향하여 고함을 지르며 살아왔다. 파도가 바람에 몸부림치는 바위섬처럼 끝없는 시련에도 극복의 의지로 이겨냈다.

게임에서 좋은 패를 잡았다고 이기고 궂은 패를 잡았다고 지는 것은 아니다. 어떻게 위기를 극복하고 어떻게 어려운 난경을 승부했는가에 있다. 나는 어려운 운명이 나의 앞을 가로막을 때마다 나의 '좌우명'을 소리 내어 읽고 새로운 용기를 축적했다. 나는 처음부터 큰 꿈을 그려본 적도 없고 남달리 성공하겠다는 욕심도 없는 평범한 청년이었다. 그러니 일생 이렇게 평범하게 늙어간다.

그것이 내 운명인 것을…….

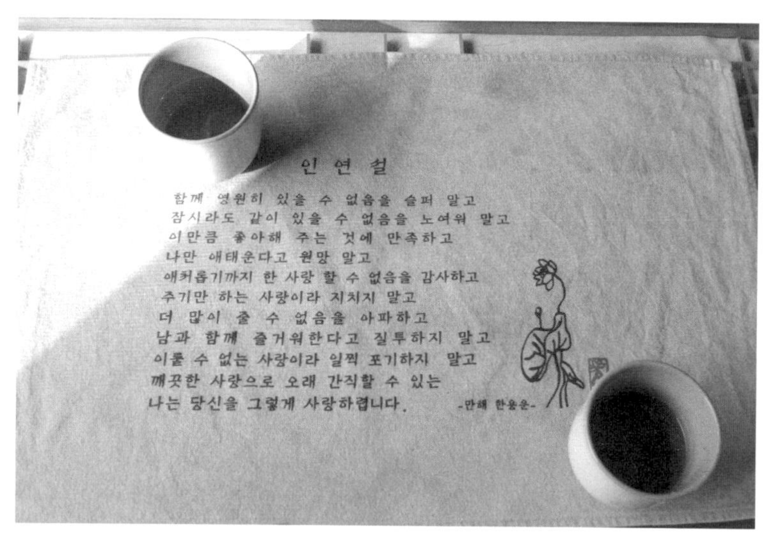

조부님의 집념

운명을 불가에 전생에 지은 인의 과요 업의 보 우리 조부님은 실로 우리 집안의 운명을 바꾸어 놓으신 분이다.

내가 어릴 때에 조부님이 돌아가셨기 때문에 조부님의 얼굴이 기억이 나지 않고 그 성격이나 인품을 나는 잘 모른다 고향에 있을 때 가끔씩 아버지나 어머니를 통해서 조부님의 살아 생전에 있은 이야기를 들어서 어렴풋이 짐작할 뿐이다.

어머니에게 들은 이야기지만 조부님이 돌아가실 무렵에 남기신 이야기만 들어도 어떠한 분인지 대개는 짐작이 간다.

"어멈아! 이제 나는 시름을 다 놓고 평안히 죽을 수 있게 되었다. 아범이 망명으로 10년이나 러시아에 가 있던 것을 데려다 귀여운 손자까지 얻었으니 내 소망은 이제 끝났다."

"이제는 저 많은 농토와 삼림을 제대로 가꾸어갈 놈이 생겼으니 웃으면서 눈을 감게 되었다"고 하시며 편히 임종하셨다고 한다.

조부님의 최대의 관심사는 여러 가지가 있었을 것으로 짐작이 된다. 그 가운데서도 항상 마음에 걸리는 것이 토지, 재산, 가계, 후손, 그렇지 않으면 삶, 토지, 노동, 가계, 후손 이런 식의 생각에서 벗어나지 못했을 것이다.

장남은 스물하나의 젊은 나이에 딸 하나 두고 일찍 세상을 떠났고 둘째아들인 나의 아버지는 한일합방이 있은 뒤에 항일운동의 선봉에 서서 개화운동에 참가했다. 스물네 살의 약관의 나이에 외도로 상투를 자르고 양복을 입으셨다. 그 당시 양갓집 아들로 상투를 자르고 양복을 입은 사람은 우리 아버님이 맨 처음 사람이었다고 한다. 그 당시(1908년) 양가의 자제로서 머리를 자르고 양복을 입었다는 것은 대단한 불효요, 반혁이었다. 상민이나 장사꾼들도 단발령(1895)을 반대하고 단발을 꺼리었던 일을 아버님은 앞장서서 실천으로 보여주었다. 이 사건은 아버님이 개인으로 볼 때에는 놀라운 자기 혁명이겠지만 가문으로 볼 때는 큰 사건이 아닐 수 없었을 것이다. 상투를 자른다는 것은 그 당시로서는 한국 남성의 자존심을 자르는 것과 같게 생각되었기 때문이리라. 한말의 문사 최익현 같은 사람은 "내 몸을 자르더라도 내 상투는 못 자른다"고 할 정도로 저항이 컸음을 보더라도 짐작이 갈 수 있는 일이다.

당시 우리나라의 역사적 현실은 매우 숨 갔은 데가 있었다. 1890년대는 삼남지방에 가뭄이 들어서 백성들이 굶주림으로 아우성인 데다가 정치는 부패해지고 탐관오리들의 매관매직, 과다한 세금, 농민들의 학대는 끝내 농민혁명이 일어나게 만들었다. 관군도 어찌 할 수 없게 되자 청나라에 원병을 청하게 된다. 이에 일본은 자국의 거류민 보호라는 구실로 군대를 이 땅에 상륙시키게 만들어 끝내 청일전쟁으로 이어진다. 이제 낡은 제도 낡은 사회를 그대로 두고는 지탱할 수 없게 되었다. 그래서 갑오경장을 선포하고 근대화에 착수하지만 일본 제국주의의 야망은 그치지 않았다. 아무런 준비가 없이 문을 열은 우리는 끝내 1910년에 와서는 일제의 강요에 한일합방이란 부끄러운 협약을 강요당하게 된다.

나라를 걱정하는 사람들은 모욕적인 협약을 반대하고 나섰다. 아버님도 그 운동에 앞장선다. 그러다가 끝내는 일본 관헌에게 쫓기게 되었다. 하는 수 없이 아버님은 러시아로 망명길에 오르게 된다. 그것이 1910년 초겨울 아버지의 나이 26세 때의 일이다.

그로써 10년의 세월이 흘렀다.

어머님은 10년 동안 하루도 빼지 않고 새벽에 북두칠성님께 정안수를 떠놓고 아버님의 귀국을 빌었다니. 어머님의 마음 아픔과 고독은 형언할 수 없었을 것이다. 그중에서도 조부님의 설움도 보통이 아니었다. 맏아드님을 먼저 보내고 둘째아들마저 망명을 떠나 소식이 없고 일본놈들의 감시는 날로 심해져 갔으니 마음의 고통이 얼마나 컸을까? 짐작이 간다.

조부님은 비장한 결심을 하셨다. 1918년 가을에 아들을 찾아 러시아로 떠나신다. 당시 우리 고향 차호항에 한 달에 한 번씩 오는 러시아의 상선이 다녔다. 거기에 교섭하여 상선을 타시고 우라디보스토크로 가셨다. 거기서 모스크바까지 가는 시베리아 횡단철도 8천 킬로미터, 왕복 1만 8천 킬로미터도 넘는 먼 길을 어떻게 가셨을까? 지금은 일주일에 두 차례씩 중부아시아를 관통하는 급행열차가 있지만 그 당시는 석탄을 때는 증기기관차가 이끄는 완행열차밖에 없었다, 가다가도 수리하며 43일을 갔다고 들었다.

가도 가도 끝이 없는 자작나무 숲을 지나 중앙아시아의 쓸쓸한 벌판을 헤치며 달려갔다. 어떤 때는 러시아 사람들이 먹는 흑빵 한 조각과 발효음료 끄바스 한잔으로 끼니를 때우며 정처 없는 나그네 길을 걸으셨다. 때로는 까브르니(화물차)에 실려 까레이스끼(조선사람)를 찾아 이곳 저곳을 돌아다니셨다. 모스크바로 우주베크로 1년 가까이 까레이스끼 마을을 찾아 다니셨다. 그 고생이 얼마나 컸을까?

당시 러시아도 혁명으로 매우 소란스러운 때었고 제1차 세계대전의 전화는 끊었지만 사회가 매우 혼란했고 인심이 흉흉한 때였다. 이런 시기에 말이 통하지 않는 시골 영감이 어떻게 여행이 가능했을까? 또 돈은 어떻게 교환했는지. 그 이야기를 듣고 기록해 놓지 못한 것이 지금에 와서 생각하면 한스런 일이다.

우즈베크에서 아버지를 만나 같이 고향으로 돌아오신 것이 1920년 여름이었다.

조부님의 놀라운 집념은 끝내 아들을 되찾았고 그 다음해에 기다리던 손자, 나를 얻게 되었다. 조부모님은 너무 기뻐서 나의 아명兒名을 달희(達熹:기쁨을 이겨냈다는 의미)라고 지어 주시었다고 한다.

실로 마음집(馬岩家:우리 집 가호)의 경사가 생겼다. 조부님도 조모님도 백모님도 우리 생모도 며칠을 두고 잔치를 베풀고 춤을 너울너울 추었다고 하니 집안의 경사를 가히 짐작이 간다.

우리 집은 수백 년을 대지와 더불어 농사를 하며 살아온 농삿집이다. 농삿일이란 대지와 일정한 상호관계를 맺지 않으면 안 된다. 인간의 노동과 대지가 제공하는 소재에 의하여 생활을 영위해가는 것이 농업생산이다.

여자가 간단한 연장으로 생활하던 시대의 누경耨耕의 경우는 모르지만 남자들이 연장을 가지고 소나 말을 이용하여 경작하는 이경의 시대에 이르면 토지의 사유와 재보의 관념이 땅과 인력에 있다고 보는 것이 농업 생산의 철학이다.

이제 아들이 돌아오고 손주도 낳았으니 대지는 순조롭게 다스려질 것이고 집안은 무한히 계승이 되어갈 것이라고 생각하신 조부님의 기쁨이 어떠하였으랴!

조부님의 생전의 좌우명이 '자업자득自業自得, 자작자수自作自收'다. 자기가 한 것만큼 얻고 자기가 일한 것만큼 거둔다는 철학이다.

우리 조부님은 실로 놀라운 실천가요, 무서운 의지로 살다 가신 분이라고 생각된다. 그저 손을 합장하고 간절히 명복을 빌 뿐이다.

박선규

강촌수필문학회 명예회원
전직 교수 | 대만동해대학교 겸임교수 역임
철학박사 | 서화가

망량(魍魎)

제는 여름 같았던 날씨가 갑자기 손발이 시리고 한기가 약간 느껴지는 초가을 저녁이다. 막 잠들려고 하는데 별명이 새댁 같다는 친구가 술이 잔뜩 취하여 비틀거리는 발걸음으로 느닷없이 찾아왔다. 문을 열고 맞이하는 나를 보자마자 풀린 눈동자를 힘주어 굴리면서 다짜고짜로 "이봐 친구! 나무방망이로 요술을 부리는 나무의 요정을 무엇이라 하는지 알아? 망량(魍魎-도깨비), 망량이라 한단 말이야!" 마음보가 몹시 뒤틀려 심술이 사납다.

도깨비는 거짓말을 잘 하여 믿을 수 없다. 갈피를 잡을 수 없도록 괴상 망측스럽게 되어가는 세상을 도깨비놀음이라 한다. 도깨비야말로 믿을 수 없는 귀신에 불과하지만 그러나 진심으로 사귀면 언제나 자기를 그처럼 믿어준 그 사람에게 늘 귀한 것을 구하여 가져다준다 하였다.

"도깨비도 수풀이 있어야 모여든다." 는 속담도 있다. 의지할 곳이 있어야 무슨 일이든지 이루어진다는 의미이다.

그는 게슴츠레 풀린 눈알을 부라리며 눌변을 내뱉는다. 세상은 돋보기를 대고 통 안에 든 그림을 들여다보는 요지경이나 도깨비놀음 같다면서 "진심은 도깨비도 통한단 말이야! 진심은 도깨비가 모여드는 숲과 같단 말이야!" 더욱 격양된 말투로 "진심은 말이야! 삼복더위 사람들이 모여드는 동구 정자나무의 그늘 같은 쉼터라는 걸 몰라! 모르냐고!"냅다 고래고래 소리 지른다.

지쳤는지 "세상이 아무리 도깨비놀음 판이라도 진심만 면좋련만고래 소리 지른다." 말을 이어가지 못한 채 "도깨비놀음, 도깨비놀음 소리 지른다." 이라는 말만계속하면서 흐물흐물 제풀 뭉그러졌다.

아마도 믿을 수 없는 세상살이 분노하지 않을 수 없는 허탈감을 느낀모양이다.

후 소

붓은 춤추고,
화폭이 꿈틀거리니,
바람 소리 새 소리
거기에 있구나.

정

한 순간
주고 간 정,

그리움은
한 평생.

정 막

서실(書室)이
고요하니,

화선지 위로
붓 지나가는 소리가 들린다.

몸 밖

생각 지우고
인연 털어버리며
울타리 너머
눈길 주니
마음이 몸 밖에
머무는구나.

어이타 먼지 일으키고
젖은 옷 걸치며

허둥지둥 종종걸음
이 구석 저 구석 누볐는가!
마음이 몸 밖에 있으니
이리도 좋은걸.

이화국

강촌수필문학회 명예회원
수도여자 사범대학 | '현대시' 등단
경기 문인협회 자문위원 | 한국문협 고양지부 수석 부지부장
고양시 문화상 | 전국 국민 편지쓰기대회 금상
시집 '바다는 모래가 좋다' 외 6권 | 장편소설 '꿈꾸는 수레'

화장실에 돌담길

잠재의식적으로 갖고 싶은 것은 많고 주머니가 얇팍해서 그랬는지 어딜 여행하면 돌이라도 한 개 주워 들고 돌아온다. 나쁘게 얘기하면 욕심으로 보이나 좀 곱게 보아준다면 여행지에서 기념품을 사는 대신 그 곳을 추억과 함께 기념하기 위하여 돌을 한 개 주워 온다로 여길 수 있겠다.

돌은 커도 좋고 작아도 상관 없다. 못 생기면 못 생긴대로 매력이 있다. 잘난 수석 반열에 들지 않아도 무방하다. 잘난 수석이야 어디 내 손에 들어오기나 할 것인가. 못 생겼을지라도 변색, 변질이 없는 돌이야말로 기념품다운 기념품이 되기에는 부족함이 없다.

그렇게 한 개 두 개 모인 돌이 작은 집안에서 굴러다니는 게 귀찮아 화단에 버리기도 하였다. 그러던 어느 날 화장실의 한 켠에 자리 잡은 욕조와 타일벽 사이에 틈새가 벌어진 걸 보자 문득 생각이 떠올랐다.

맞아! 저 자리에 돌을 놓으면 흉한 틈새도 감추고, 가난한 집 이사 다니듯 자리 옮겨 다니던 돌에게도 편안한 자리를 마련해 줄 수 있겠구나. 사물도 주인을 잘 못 만나면 이렇게 신세가 고달파지는 모양이구나. 가엾단 생각이 들었다.

그래서 돌들이 한 개 두 개 화장실로 옮겨졌다. 조금 큰 것 위엔 작은 새끼가 올라 앉으면서 타일벽과 욕조의 벌어진 틈새를 따라 나란히 둘러 놓으니 돌담 같고, 올망졸망한 것들이 제법 보기 좋다. 한 식구들처럼 다정해 보인다.

나는 그 돌담길을 따라 옛 고향을 자주 돌아오곤 한다. 때묻지 않은 애기들 숨어 있는 곳, 어머니의 사랑이 따뜻하게 고여 있는 고향을 돌아오노라면 나도 모르게 행복한 미소가 입술에 올라 있다.

그 곳에 나무 한 그루 옮겨 심고 색색이 조각 천만 매달아 놓으면 그냥 성황당이 될 것도 같다. 여기저기서 옮겨온 돌들이 쌓여 돌무덤을 이루었으니 말이다. 나무 한 그루 심을 자리가 없으면 화분에 한 그루 심어 색색이 천을 매달아 놓으면 간데 없는 성황당인데 화분 놓을 자리가 없어 돌만 쌓여있다.

욕조에 물이 담겨 곁에 물을 두고 있으니 다른 면에서 水石임이 분명하지만 壽石이라면 누가 뭐랄 것인가. 어떤 이는 화장실에서 신문을 보고, 어떤 이는 변비라서 화장실에 들어가면 시간이 꽤나 걸려 아예 책을 들고 들어가 독서를 하고, 또 내가 아는 여고 선배는 음악 하는 자녀의 연습 집중을 위하여 외출할 일이 없을 때 화장실 볼 일이 없어도 그곳에 들어가 시간을 보내야 했다는데 (자녀가 외국으로 유학중 사는 공간이 넓지 않아서 그랬다고) 나는 화장실에 들어가면 자연히 머리가 돌 늘어놓은 데로 돌아간다.

자꾸 바라보노라니 저마다 생긴 모양새와 개성이 달라 이름을 붙여주기 시작했다. 마치 창조주이기나 한 것처럼... 그래서 돌마다 이름이 붙게 되었다.

꿀돼지, 聖모자상, 세계지도, 장화, 새, 거북선, 망부석, 할망, 명은이(외손녀 이름), 지층, 물결, 그 중에 이름이 제일 긴 놈은 '창문에 비친 그대의 희미한 그림자' 이다.

그 외 반석, 금강산, 삼각산, 사자상, 괴면, 장승, 버섯구름 등등... 그러노라니 자칫 불결하게 느껴지고 기분 나쁠 공간이 나에게는 즐거운 수석 감상 장소가 되었다.여름철이 되어 오이지를 담그려면 몇 놈은 소금물에 코를 박고 있어야 하는 신세가 되기도 한다.

그래도 불평이 없는 그들이 좋다. 아는 선생님께서는 수석 전문가로 돌을 보기만 해도 이 돌이 우리나라 돌인지, 중국에서 건너온 돌인지를 안다고 하신다. 돌 한 개와 집 한 채를 바꾼 이가 있다고도 한다.

그런 깊은 경지를 내가 알 리 없다. 처음 그 선생님께서는 난초를 기르다가 돌로 관심을 옮겼다는데 난초는 그렇게 저만 봐달라고 하는 바람에 신경이 쓰였다고 한다. 먼 곳으로 여행을 가게 되면 집안 식구 안부보다 난초의 안부를 먼저 묻게 되는 일이 피곤하여 돌세계로 방향을 바꾸셨단다.

아무렇게나 굴려도 말 없는 돌, 투정이 없는 돌, 과묵하여 비밀을 말해도 좋은 돌, 배고프다고 보채는 법이 없는 돌, 어쩌다 한 번 얼굴 씻어주면 반짝 반짝 광택을 내는 돌, 함부로 나돌아다니지 않는 돌, 내 명령 없이는 제멋대로 자리 옮기지 않는 돌, 명품 옷 사달라고 조르지 않는 돌, 발가벗고도 춥지 않다는 듯 앉아서 자리 지키는 돌, 그러면서 내가 외출에서 돌아오기를 기다리는 돌... 나는 정말 그들이 좋다.사랑스럽다.그러면서 나도 점점 그들처럼 닮아 갈 수는 없을까 궁리중이다.

이제 또 어디를 여행해야 돌 한 개가 생길까. 짜여진 일정이 없어 유감이다. 우리나라 강산에는 아름다운 돌들이 많았는데 사람들이 다 주워감으로 이제 탐석은 못 하게 되어 있단다.

친구는 낯익은 구면이라야 최고란 걸 안다. 이제 돌식구를 더 보태지 않아도 나는 좋다. 얼마든지 구면인 친구만으로 행복을 누릴 수 있으니까.

월악산 마애불

지난 일요일엔 속리산에 갔고 이번 토요일엔 월악산 행이다. 여기 저기서 같이 가자고, 가을 구경 가자고 불러주는 이들이 있어 고맙고 기쁘다. 더구나 선뜻 먼 길을 따라 나설 수 있는 요만큼의 건강이 허락되다는 것이 무엇보다도 감사한 일이다.

회갑을 넘긴 나에게는 앞으로 많은 인생사를 누리고 살 시간이 별로 없다는 생각에 웬만하면 내 앞에 온 일을 거절하지 않는다. 더더구나 이 가을 막바지의 여행이랴!

시월 말이지만 날씨는 춥지도 덥지도 않아 더욱 기분이 좋다. 파란 하늘에 구름 한 조각 없다. 그래서인지 노랗게 물든 은행잎들이 더욱 노랗게 보인다. 노란 꽃비가 내리는 것처럼 떨어져 내리는 은행잎들이 팔랑팔랑 흔들리는 모양은 마치 노란 나비떼가 춤추는 양 하고, 봄에 핀 개나리가 봄바람에 지는 듯 착각을 불러온다.

달리는 차창으로 내다보는 빨간 단풍잎들..... 빨강, 파랑, 노랑... 원색의 아름다움이 이런 거였던가 싶다. 그래 맞다. 마지막에는 원색으로 돌아가는 이치가 맞는 얘기다. 각각의 색갈로 활활 타다가 가는 거라는 생각을 한다. 색깔은 개성을 의미하기도 하니까.

너 흰색이지 하면 검정 쪽으로 붙으려고, 너 검정이지 하면 눈치 봐서 흰색 쪽으로 붙으려고 적당히 흰색 검정색 섞여있는 회색을 나는 얼마나 싫어했던가. 아마 회색을 싫어 한다기보다는 양다리 걸치고 이쪽 저쪽 눈치 보다가 유리한 쪽에 줄서는 그러한 사람을 싫어한 거겠지만 오늘 원색으로 물든 이 가을의 색깔은 그렇게 산뜻하고 상쾌할 수가 없다. 도심에서 찌든 머리속이 한결 투명해지는 느낌이다.

우리가 탄 버스가 장호원을 지날 때는 60년대의 통행금지가 생각나 쓴 웃음을 짓는다. 한가롭게 내다 보는 창밖에 왠 미남 사나이가 나타난다. 그래 맞아. 60년대의 내 남편 모습이 저러 했지. 술 좋아 했던 그 사람이 맞지. 나는 잠시 옛날로 돌아가 그를 만난다.

한국종합화학 전신인 충주비료공장에 다닐 때의 그가 실제로 그랬는지는 모르지만 장호원에서 술 마시다가 통행금지 시간이 되면 한 잔 더 마시기 위해 유독 통금이 없던 충북땅으로 옮겨오기 위해 장호원 다리를 건넜다는 이야기가 떠 오른다.

물이 별로 흐르지 않는 개울 정도에 다리가 걸려 있다. 이를 경계로 한 쪽은 서울과 경기도로 통금이 있고, 다리 건너면 통금이 없던 충북땅인 그 시절이었는데 지금은 밤샘 야간 업소와 24시 편의점이 성업중이다. 십 년이면 강산이 변한다고 했지만 지금은 하루 사이에, 한 달 사이에, 찰라에 모든 것이 변한다.

자고나면 큰 산이 없어지고 아파트 단지가 숲을 이룬다. 갯벌은 간데 없고 바다가 육지 된다. 지목을 바꿔야 하고 지도를 다시 그려야 하는 일들 속에 길 잃지 않고 여기까지 살아온 일이 놀랍다.

달리는 버스에 충주 호암지 연못은 이미 뒤로 밀렸고, 웬만큼 물 깊어 보이는 노루목을 지나 좌로 급회전하면서 조금 가다가 월악산 길로 들어선다.

누가 월악산 행을 정했는지 모르지만 결혼해서 충주에 살며 아이 셋을 낳고 키우고, 젊은 한 철을 살던 내게는 추억을 반추하는 시간을 가지라고 그런 것만 같다. 주차장에 내렸을 때 앞으로 한 시간만 자유시간이라는 주의가 떨어진다. 무조건 등산길로 접어든다.

이렇게 시간의 제한을 받을 때는 목표를 정하지 않고 30분 올라가고 30분 내려올 생각을 하면 단체가 움직일 때 무리가 없다. 한참 올라가다 보니 덕주사가 보인다. 낯설지 않다. 동창생 다섯이 여길 왔던 기억이 난다.

늦게 도착하는 바람에 덕주사 경내만 돌아보고 마애불 있는데 까지는 못 가 봐서 유감이었는데 아마 오늘도 그럴 모양이다.

그러면 어떤가. 마음을 비우면 부자라더니 시간을 구걸하지 않기로 작심한 후부터 시간은 여유롭다.

쾌적한 날씨, 쾌적한 공간의 산길을 걷노라니 단풍 든 산만큼이나 이곳을 찾은 이들의 울긋불긋한 등산복들도 보기가 좋다.

쌓인 낙엽 사이로 드러난 바위를 밟으며 올라간다. 시계를

본다. 꽤 많이 올라온 듯 싶어 하산중인 이들에게 물어본다. 마애불까지 얼마나 남았느냐고... 조금 더 가면 된단다. 그렇게 몇 번을 속았다.

드디어 잎진 나무 가지 사이로 서 있는 바위가 보인다. 예정된 시간 30분이 다 되었다. 이 쯤에서 돌아설 수 없는 노릇이다. 가파른 돌계단을 밟고 숨이 턱에 닿게 오른다. 거기에 있었다. 수직으로 서 있는 병풍처럼 둘러쳐진 바위에 갇히어 세월을 먹고 사는 한 여인이......

누구나 저렇게 서 있는 널따란 바위를 보면 무엇인가 새겨 보고 싶었을 게다. 불교의 차원에서가 아니라 뭔가 그려보고 싶었을 예술가의 혼이 먼저 나를 맞이한다.

순수한 예술혼이 떠올린 것은 누구나 향수처럼 품고 있는 소박한 미소였을 게다.

내 누이 같고 내 어머니 같은 별로 잘 생긴 얼굴이 아니지만 정이 듬뿍 서린 부드러운 여인의 얼굴...

꼭 불상이란 이름이 붙어야 할 이유는 없다. 한국 여인의 공통분모 같은 낯익은 얼굴을 보니 내가 오랫동안 그리워한 사람 같다.

저 세상으로 가신 어머니가 저렇게 돌속으로 들어가 나를 기다리고 계셨다는 생각을 해본다.

얼마나 오랫동안 저렇게 서계셨던 것일까. 그 외로움이 내게로 전이되어 와 눈물이 나오려고 한다. 고개 숙여 시계를 보며 돌아선다.

추위와 더위를 견딜 수 있게 돌이 되신 어머니는 살기 위해 많은 것이 필요하지 않으실 테니 이제 비로소 마음이 놓인다. 고생하시던 어머니를 생각하면 늘 마음이 아팠기 때문이다.

돌아서는 발걸음이 의외로 가볍다.

빨간 단풍잎들이 발목을 포근히 감싸주는 시간이다. 기억에 각인되어진 산행이었다.

유재경

강촌수필문학회 상임회원
국궁 송호정 고문 | 요트 Orion M42 선장
Sailing Story (풋내기 선장의 이야기)

외손자

나이가 들면 자손을 보게 되는 것이 당연한 이치이긴 하지만 처음으로 외할아버지가 된 감회가 새롭기만 하다. 그러나 정작 나는 나의 할아버지를 본적이 없다. 할아버지는 내가 태어나기 다섯 달 전 전쟁 통에 비운으로 돌아 가셨기 때문이다. 외할아버지와 외할머니 역시 단명하신 이유로 본 적이 없다. 다행히 친할머니는 구십까지 장수하신 덕에 내 나이 스물일곱이 되도록 할머니로부터 많은 사랑을 받을 수 있었다. 어려서 할머니와 마주 앉아 다디미 질을 했던 기억, 목화 씨아를 틀며 팔이 아파 꾀를 부리면서 할머니에게 응석을 떨던 기억이 지금도 새롭다.

지난 해에 시집 간 딸아이가 아들을 낳은 덕에 외할아버지가 되었다. 외손자를 본 첫 감회는 고마움이었다. 아이와 산모 모두 건강해서 너무나 고마웠다. 주변의 장애자 아이를 둔 부모의 마음이 얼마나 아픈지, 그 가족의 슬픔이 일생을 통해 얼마나 큰지를 생각하면 건강한 아이를 갖게 된 것만 해도 더할 수 없이 감사한 일이다. 새 생명에 대한 딸아이의 지극한 사랑의 모습이 대견하기만 하다. 딸아이가 그녀의 배 안에 새 생명을 잉태하면서 그녀의 아이에 대한 사랑은 남다른 면이 있었다. 그녀는 늘 허허대 듯 너그럽게 주변을 대 하며 마음을 다스리고, 불러온 배를 어루만지며 배 안의 생명에 늘 감사했다. 애를 낳기도 전에 태교하는 그녀의 의지가 돋 보이는 것을 보면, 그녀는 타고난 모성애를 지닌 전형적 엄마가 될 모양이다.

외손자는 하루가 지나 이틀이 되고, 한 주가 지나 또 한 주가 지나면서 점점 똘망똘망 해 가고 있다. 안고 있는 나를 빤히 바라보는 모습이 제법 주변을 익히며 확인해 가는, 무슨 깊은 생각을 하는 듯 예사롭지 않게 보이기도 한다. 역시 손자는 귀하게만 느껴진다. 주변의 친구들이 손자를 본 후 손자 자랑하기에 여념이 없는 것을 보고 팔불출 같아 보인다며 핀잔을 준 적이 있었다. 손자 보는 일에 자신의 여생을 모두 건 듯한 모습이 지레 늙어 가는 듯한 한편 한심스럽게 보여 준 핀잔이었다. 그리고 내심 "나는 저런 팔불출이 되지 않아야지." 하며 마음을 다지기도 했다. 하지만 요즘 하루 하루 커가는 손자에게 점점 깊이 사랑스러운 마음으로 빠져 드는 자신을 자각하며 나 역시 팔불출이 될 것 같은 위기감을 느끼게 된다.

딸아이가 갓난 아이를 키우며 차츰 어머니가 되어가는 모습을 보며 어떤 회한을 느낀다. 인생의 세대 전환을 위해 바톤을 넘기는 그런 야릇한 느낌이다. 딸아이가 어렸을 적 밤새 잠을 자지 안으며 심하게 떼를 부리던 일, 소녀 시절 사춘기를 거쳐 처녀에 이르기까지 자라가던 그녀의 온갖 기억을 더듬어 본다. 딸아이도 그 엄마를 닮아 착하고 너그러운 마음을 지닌 책임을 질줄 아는 사람이 된 것 같다. 이제 어머니가 된 우리 딸, 그 어머니가 해 오던 어머니의 일들을 다시 이어 가며 한 아이를 기르는 딸 아이의 모습을 통해 인생의 덧 없음을 느낀다. '우리 아들', '우리 새끼' 하며 옛날 그녀가 받았던 정만큼 그 정을 자신의 아이에게 쏟아 붇고 있는 모습이 정겹기만 하다.

외손자와 대화를 즐기는 재미가 심심치 않다. 갓난아이와 무슨 대화냐고 반문 할 지 모르지만 나는 분명 외손자와 대화를 나눈다. 물론 그 대화란 일방적으로 내가 말하는 편이고 외손자 녀석은 그냥 듣기만 하고 이따금 알아들을 수 없는 옹아리로 답변을 하는 소극적이지만 분명 대화다. 우리의 대화에 있어서 대개는 내가 녀석의 마음을 제대로 헤아리지 못하는 경우가 많다. 그래서 녀석은 이따금 자신의 생각이 통하지 않은 탓에 울음과 같은 떼를 부리며 심한 투정을 부린다.

아직 우리의 대화는 단순한 느낌만 전달하는 미미한 수준일 게다. 그렇게 녀석과 대화를 하면서 단순의 미학을 배우게 된다. 외손자가 하루 하루 커가며 녀석의 나에 대한 요구는 점점 늘어 가지만 이미 세속에 젖어 든 나는 항상 외손자에게 엉뚱한 대꾸나 반응으로 녀석에게 짜증만 불러 일으키기 일수다. 녀석의 눈 망울에 비춰진 맑은 영혼에 비하면 "나는 참으로 속물이구나." 하는 생각에 나를 바라보는 손자에게 어떤 때는 민망함을 금 할 수 없다.

북경, 3박 4일

중국에 대한 생각을 정리하고 싶은 마음에 북경을 둘러 보고자 선택한 여행이었다. 여름이 거반 지난 덕에 북경의 날씨는 관광하기에 알맞은 편이었다. 그러나 북경의 날씨는 늘 찌뿌듯 했다. 하늘엔 옅은 구름이 끼어 맑은 하늘을 보기가 힘들었다.

북경은 가히 세계 최대의 도시였다. 그 면적이 서울의 20배나 되고 인구는 1600만 명이지만 유동인구를 포함하면 2300만 명이나 된다 하니 북경에 우리 남한의 절반에 해당하는 인구가 사는 셈이 된다. 그리고 중국 전체의 인구는 13억 명 정도로 전 세계 인구의 1/4에 해당하고, 면적은 우리 나라 남북한 합친 것에 48배가 된다고 한다. 경제 규모도 총생산

기준으로 이미 미국 다음으로 세계 2위가 되었는데 머지 않아 미국을 제치고 1위가 될 공산이 크다고 한다. 국민 개개인 평균 소득도 4000불을 넘어서 불과 10년 사이에 몇 배로 늘어나고 있다. 중국을 다녀 온 사람들은 이구 동성으로 말한다. "중국이 하루가 다르게 빠른 속도로 성장하며 무섭게 변해 가고 있다."

우리의 페키지 일행은 텐진 공항을 통해 중국에 입국 한 후 고속도로를 따라 북경으로 향했다. 6번 순환로가 나오면서 북경의 모습을 예고하듯 커다란 건물들이 자주 눈에 띄었다. 북경을 향한 길은 3번 순환로 까지 계속 이어지며 수 없이 많은 고층 아파트와 번쩍이는 새로 지은 듯한 호텔들이 보이면서 결국 그 거대한 모습을 드러내었다. 우리의 서울은 두 개의 순환로를 갖고 있지만 북경은 다섯 개의 순환로를 갖고 있는 것만 봐도 도시의 규모를 짐작 할 수 있겠다. 북경 곳곳에 바둑판처럼 넓고 시원하게 뚫린 도로, 올림픽 공원을 중심으로 펼쳐진 각종 시설과 끝없이 이어진 중앙로, 도심의 대로 가에 들어선 형형 색색의 고층건물 군, 이들이 이 시대 중국의 면모를 대신한다.

자금성은 마치 경복궁을 몇 배로 확대한 듯 규모와 화려함의 극치를 보여 준다. 시대의 풍운아 서태후가 노닐며 정사를 살폈다는 이화원도 도를 지나친 사치스러움이 압권이고, 고산 능선을 따라 이어진 세상에서 가장 긴 무덤이라는 만리장성은 그 규모에 있어 기가 찰 정도여서 차라리 우리에게 슬픔을 안겨 준다. 세상에서 가장 인구가 많은 한족의 역사는 고래부터 지금에 이르기 까지 대국적 문화가 그 특징으로 자리잡고 있었다.

중국은 역시 큰 나라다. 특히 인구에 있어서 타의 추종을 불허한다. 그것은 과거 모택동 주석이 '인구가 곧 국력' 이라 하며 인구 증가 정책을 폈기 때문에 지금의 14억이라는 인구를 갖게 되었다고 한다. 천안문 광장을 둘러 보면서 그렇게 많은 사람이 모여 있는 것도 신기했지만, 그에 못지 않게 많은 공안과 군인 그리고 여기 저기 서성이는 사복 차림의 특무원 등이 마치 시위를 하듯 군중을 감시하고 통제하는 모습이 신기했다.

중국은 아직도 일당인 공산당에 의한 공산주의 국가다. 중국이 등소평의 개방화 정책에 따라 "흰 고양이든 검은 고양이든 쥐 잘 잡는 고양이이면 된다." 라고 하며 자유 경제 속에 뛰어 들었다. 당시 등소평은 중국인 1%를 키워 중국을 관리하겠다는 생각으로 사실 상 공산주의를 포기하고 사회주의를 앞세워 경제 정책을 시작했다. 중국의 특징은 그 정책이 모두 공산당으로부터 나온다 할 수 있으며, 모든 재산의 소유권은 개인에게 있지 않고 국가 혹은 공산당에 있다고 할 수 있다. 그러기에 어떤 정책이던 공산당 내에서 일사 천리로 결정되어 그 시행도 개인 재산의 권리 주장에 따른 민원에 관계 없이 계획대로 신속하게 추진 할 수 있는 특징이 있다. 국가가 필요 하다면 어디에든 넓은 도로를 만들 수 있고 신도시 혹은 공단을 계획대로 손쉽게 만들 수 있다. 그러기에 세계의 유수 업체들이 유리한 조건으로 중국에 많은 공장을 지어 진출 하게 되어 중국은 세계의 공장 집산지가 되고 말았다.

중국이라는 국가 형태에 대해서 나름대로의 필연성을 생각해 본다. 만일 중국과 같은 거대하고 인구가 많은, 게다가 다양한 소수민족으로 구성되어 있으며 어려운 한자 때문에 문맹율이 높을 수 밖에 없는 나라에서, 서구 사회와 같은 자유 민주 정치를 시도한다면 중국에서 국가 형태를 유지하는 것이 가능할까? 하는 의구심을 갖게 된다. 그런 면에서 중국의 현실 정치는 만리 장성이 사회 불만 세력을 축출하기 위한 대역사인 것처럼 그들 나름대로의 필연성이 있어 보이기는 한다. 중국의 일당 공산체제는 진나라 혹은 당나라 등과 같이 제국을 통치하기 위한 수단으로서 정권이라는 대의를 위해 백성이라는 소의는 희생시켜도 된다는 대국적 명분이 그 맥을 같이 하는 것 같다. 그런데 참으로 이상한 것은 기실 자금성과 만리장성 혹은 괴물처럼 거대한 북경이라는 도시를 보는 사람들의 마음이다. 대개의 사람들이 만리장성 같은 독재자의 만횡에 따른 결과물에 대해 분개하기 보다는 그 문화적 가치 덕에 관광 수입을 올리는 현실에 탄복하며 그들의 치적에 경탄 해 마지한다. 그렇다면 역사이래 그렇게 많은 독재자들은 권력을 꿈꾸는 허황된 소시민에 의해 다시 또 그렇게 만들어졌다는 결론에 이른다. 허긴 우리의 선거판에서도 많은 사람들이 평소에 입이 마르게 정치인들을 비판하다가 막상 선거 때가 되면 혈연 지연에 휩쓸려 어리석은 한 표를 던지며 악순환을 반복하는 것도 이와 다르지 않아 보인다.

기실 나는 역사에 대한 나름대로의 인식 탓에 중국이라는 나라를 좋아 하지 않는 편으로 매사에 중국은 큰 나라이므로 넘 보아서는 안 된다던가, 그들의 비위를 맞추어야 살아 남는다는 식의 생각을 가진 우리 나라 사람을 마땅치 않게 생각한

다. 그것은 우리의 생존은 우리의 힘에 준할 것이라는 당연한 이치 때문이다. 부득이 상고사를 들추지 않더라도 우리에겐 중국보다 우수한 것들도 많고 나름대로의 독창성을 갖고 있는 문화가 많다. 작은 나라이기에 지닐 수 있는 고고한 가치, 더구나 현재 우리는 그들보다 앞서 경제를 일으켜 그들보다 네 배 정도가 많은 개인소득을 누리고 있으며, 이미 그들보다 훨씬 앞선 선진적 자유민주를 성취해 가고 있지 않은가.

어떤 형태의 나라가 행복한 국민적 삶을 위해 합리적 일까? 하는 질문을 던져 본다. 그것을 위해 먼저 대국의 척도는 국토의 면적에 있는 것인지 혹은 인구 숫자인지, 아니면 합리적 구조의 형태를 지닌 탄탄한 선진형 나라인지를 생각해 오게 된다. 기실 나라란 지나치게 국토가 넓어 지역 간의 소통이 어려운 것도 문제가 되고, 인구가 너무 많아 민족간의 갈등 혹은 문화의 충돌도 문제가 되게 마련이다. 물론 집권자와 같은 위정자의 입장에선 나라가 크면 그에 비례해 권력이 커지고 야심을 키울 수 있어 큰 나라가 좋겠지만, 백성의 입장에선 삶의 질이 우선이므로 소통이 원활하고 함께 문화를 여유롭게 공유 할 수 있는 동일 민족의 나라가 바람직 할 것이라고 생각한다.

중국의 현실은 빠르게 발전하는 경제 덕분에 대부분의 국민이 국가에 만족하는 것 같다. 우리가 보리 고개를 넘어 경제적 풍요를 누리며 무엇에 비할 여지 없이 오늘에 만족 하듯, 그들도 과거 폐쇄적 공산주의 시절보다 월등히 좋아진 자유 경제적 여유에 만족하며 그 어느 때보다 행복감에 빠져 있다. 비록 1%에 속하는 부자들과는 엄청난 빈부 격차에 상대적 빈곤감을 느끼겠지만 그래도 아직은 대부분의 사람들은 지난 세월에 비해 훨씬 좋아진 경제적 사정과 자유에 만족하며 묵묵히 살아 가고 있다. 더욱이 연 10% 이상의 고도 성장과 세계 최고의 경제 강국이 될 것이라는 국가적 자부심은 그들에게 중화 민족의 자존심과 희망 마저 안겨 주고 있다. 하지만 이러한 현상은 일시적인 것으로 볼 수 있다. 그것은 그들도 궁극적 사회적 가치라 할 수 있는 자유 민주에 대한 갈망으로 언젠가는 일당 독재에 따른 일방적 국가 형태에 대해 반기를 들게 마련이기 때문이다.

기실 현재의 중국의 국가 관리 능력은 어느 면에선 우리보다 우수하다는 생각을 하게 된다. 전문가를 비롯한 우수한 인재를 적재 적소에 잘 활용하고 있다는 증거를 곳곳에서 발견할 수 있기 때문이다. 관광 산업의 경우만 해도 서안 혹은 황산 같은 유명 관광지에서 느낄 수 있는 것처럼 관광 인프라가 매년 혁신적으로 개선되어 많은 관광 수입을 올리고 있음을 볼 수 있다. 물론 중국은 우리에 비해 훨씬 많은 관광 자원을 갖고 있기는 하지만, 관광 사업이란 그 성패가 관광자원 보다 교통여건, 숙박시설, 안내판 같은 각종 편의시설 등의 인프라를 합리적으로 구축하는데 있는 것을 보면 그들의 관광 정책이 우리의 것보다 오히려 앞서 발전하고 있다는 느낌을 받게 된다.

중국에선 모든 것을 만든다. 비록 외국 자본으로 지어진 공장이지만 모든 공장에서 일하는 사람은 중국인이므로 결국 모든 것은 중국이 만드는 것이라 할 수 있다. 그러므로 결국 세상은 중국의 주도 하에 있을 수 밖에 없을 것 같은 짐작을 할 수도 있겠다. 하지만 작금에 일어나는 세계적 경제의 문제가 그 원인의 핵심이 중국에 있다는 것을 생각하면 중국도 이를 간과 할 수 만은 없을 것이란 생각이다.

우리와 마찬 가지로 전 세계적으로 특히 선진국 중심으로 중산층이 무너지고 있다. 오직 첨단을 향한 소수의 대기업 만이 대부분의 경제력을 쥘 뿐 나머지 소시민은 서민으로 전락하고 있다. 그러므로 실업자와 경제 파탄에 따른 사회문제가 심상치 않게 대두되고 있다. 심지어는 그리스 이탈리아와 같은 만만치 않은 나라의 부도설이 나돌 정도로 전 세계적 경제공황의 조짐이 일어 나고 있다.

중산층이란 사회구조상 허리에 속하는 국가의 중추적 세력이라 할 수 있다. 그러므로 중산층이 튼튼해야 사회가 건전하다고 한다. 그런데 중산층이란 대게는 중소기업에 기반을 두고 살아가게 마련이다. 그런 중소기업이 인건비 문제로 중국으로 몰리면서 여타의 나라엔 중소기업이란 중산층의 근거가 우리 나라가 그렇듯 상당 수가 소멸되면서 결국 중산층이 무너지며 많은 사람들이 서민으로 전락하게 되었다.

부의 급격한 이동이란 '엘빈 토플러'가 지적 하듯이 많은 사회적 갈등을 유발한다. 중국이 그 동안의 가난에서 벗어나 전 세계인구의 1/4에 달하는 13억에 달하는 인구가 경제적 풍요를 누리는 것을 나무랄 수는 없는 노릇이다. 하지만 그 대가로 세계는 엄청난 경제적 몸살을 앓고 있다. 그럴 때면 가장 염려되는 것이 전쟁이라 한다. 빚을 못 갚으니 빼앗을 수 밖에 없는 시비거리가 당위성을 갖게 되는 이유 때문이다. 있는 나라가 마음 좋게 빚을 탕감하던가 무조건 연기를 해주던가 하는 길이 있겠지만 역시 쉬운 일은 아니다.

중국이란 나라가 원인 제공자라 한들 모아진 재화를, 지어진 공장들을 다시 이전 할 수 없는 것처럼 그를 해결 할 수 있는 입장도 아니다. 나날이 번창해 가는 중국의 현실과, 북경의 하늘 높은 줄 모르고 날로 뛰어 오르는 물가를 보면서, 세상은 참으로 어렵게만 돌아가고 있구나! 하는 생각에 실은 이번 여행은 내게 늘 중압감의 연속이었다.

거대한 우주선이 다가오고 있단다.

올해는 유난히 비행접시에 대한 소식이 많다. 그 중 가장 압권인 것은 몇 달 전 신문에 보도된 우주선 세척이 지구를 향해 오고 있다는 소식이었다. 그 중에 큰 것은 길이가 240km이고 폭이 40-80km에 이르는 거대한 모함 격 우주선이란다. 이들 비행체는 지금 명왕성을 지나 내년 12월에는 지구에 도착 할 예정이라고 한다.

내년은 10년 전 서기 2000년을 앞두고 종말을 예견하며 천지 개벽 설이 난무하던 것처럼, 다시 마야력이 끝나는 이유로 종말의 해라 하며 항간에 말들이 많은 해이다. 마야력뿐만 아니라 예언가들의 예언, 종교적 예시 그리고 주역 풀이를 통해 이의 필연성을 주장하며 세간에 종말론이 무수히 떠돈다.

이 세상의 천지개벽이란 하늘과 땅이 우주의 순환원리에 따라 새로운 시작을 위해 정리되어지는 하나의 섭리현상이라 할 수 있다. 실재로 지구 45억 년의 역사 속에 이 땅에는 크고 작은 천지 개벽이 수 없이 많이 일어났었다. 그럴 때면 바다가 육지가 되고 또는 육지가 바다가 되면서 지구의 모습이 시시각각 변하곤 했다. 물론 그 때마다 많은 생명체가 사멸되어 한 시대를 끝내고 또 다른 새 생명의 시대가 시작 되곤 했다. 예를 들면 고생대에서 중생대, 신생대, 빙하시대 등이 있었듯이 지구의 역사는 처음 태동한 이후 잠시도 그냥 머물러 있지 않았다. 마치 한 생명체처럼 진화하듯 그렇게 끝없이 변해 왔다. 이러한 변화는 비단 지구뿐 아니라 우리의 태양계, 은하계 그리고 지금도 무한히 팽창하고 있는 대우주도 마찬가지다. 그러고 보면 존재하는 모든 사물의 속성이란 변화 속에 있는 모양이다.

어찌하든 내년이란 한 해는 그렇게 호락하게 지나지 않을

듯 싶다. 세상의 일이란 큰 사건을 앞두고 마치 예고라도 하듯이 여러 가지 일들이 동반적으로 일어나는 경우가 많다. 작금의 세계적인 경제 공황이라든가 환경문제, 기후, 천재지변 등 각종 대형 사건들이 모두 예사롭지 않다. 과학문명 역시 극도로 발전하며 정보 통신이나 유전자를 비롯한 생명 공학이 신의 경지에 이를 듯 그 끝을 모르게 빠른 속도로 발전하고 있다. 그런데 이러한 현상은 문명의 속성 상 멈추지 않고 오히려 점점 더 그 정도를 더 하게 마련이다.

지구라는 제한된 공간 속에서 인류의 문명은 지나치게 확장되어 지구 생태계의 균형을 깨어 가고 있다. 그것은 인류 문명이 인간 위주의 편리와 감각만을 위해 너무 많은 자동차, 비행기, 각종 형태의 공장, 컴퓨터와 통신기기 등 이들 문명의 기기를 남용하기 때문이다. 그러나 결국 자연의 섭리가 그렇듯이 이렇듯 인간은 도태의 길을 따라 스스로 자멸의 길을 가고 있는 것으로, 숙명처럼 그렇게 다시 새로운 시작을 향한다.

명왕성을 지나 내년이면 지구에 도착 할 예정이라는 외계의 우주선 UFO의 목적은 지구의 새로운 시작을 위한, 마치 노아시대의 방주처럼 되도록이면 모든 생명체를 골고루 거두어 천지 개벽을 거쳐 다시 시작 될 신세계, 그 새롭게 태어나는 지구를 위해 씨앗을 뿌리기 위한 종자를 모으는 일이란다. 이

때에도 역시 인간은 외계인과 공동체인 하느님 아들의 존재로서 영장의 역할을 그대로 잇기 위한 특별 대우를 외계문명으로부터 받게 된다고 한다. 그러나 60억 인구 중 고작 1-2억 정도만 추수리고 나머지 인구는 다른 생명체와 마찬 가지로 섭리에 따라 도태되고 만다 하니, 그 때를 위해 우리 각자에게 해야 할 어떤 몫이 크게 있음을 짐작하게 한다.

어쨌든 본시 과학도인 내겐 "길이가 240km이며 폭이 40-80km라는 엄청난 크기의 외계 모선은 어떤 구조이며 또 어떻게 만들어졌을까?" 하는 것이 요즘 나의 최대 관심사 일 수 밖에 없다. 그 정도의 크기라면 평면적만 해도 우리 남한의 1/3은 될 터이고, 수십 층에 이르는 내부 공간을 모두 합치면 그 연면적은 남한 면적의 몇 배가 될 수도 있는 크기라 할 수 있다. 그러니 아무리 외계 문명이 고도로 발달했다 하더라도 그렇게 거대한 비행체를 만든다는 것은 우리의 감성으론 너무 황당스럽게 와 닿을 수 밖에 없다. 하지만 뉴스에서 발표된 바와 같이 정말 그러한 모선이 실재한다면 그것은 만들 수 있는 방법도 실재한다는 것을 의미한다. "어떻게 만들 수 있을까?" 늘 그 생각이 머리에 맴돌던 차에 그를 위한 아이디어가 불현듯 내게 떠 올랐다.

우리가 짐작하는 외계문명이란, 만일 그들이 실재한다면 우리보다 몇 세대 앞설 정도의 고도의 기술을 갖고 있게 마련이다. 그것은 우리 인류의 문명은 고작 달나라 가는 것도 아직

버거운 터이지만, 그들 외계인은 먼 별에서 이미 지구를 수 없이 오가며 수 천년 전부터 우리와 교류를 해 왔기 때문이다.

그런 고도의 문명을 갖고 있는 외계인들이 지구에 닥칠 천지 개벽을 예견하고 이의 대책으로 노아의 방주와 같은 목적으로 임무 수행을 위한 기지 건설을 위해 외계를 떠도는 적당한 크기의 소행성을 찾는다. 선택한 소행성은 바로 앞서 얘기한 우주선으로 길이 240km에 40-80km 두께의 작은 별이다. 이어서 그 소행성에 외계인이 우주선을 이용해 안착 한 후 우선 필요한 기지를 짓는다. 그리고 기본적 시설을 갖춘 후 우선 소행성에 터널 등을 뚫어 지하 시설을 만들고 기지를 위한 기본 시설을 이어서 건설한다. 그 시설은 소행성에 존재하는 모든 자원을 활용 할 수 있는 공장과도 같은 산업 시설을 말한다. 그리고 그 산업 시설에서 그들이 소행성에 거주하며 생활하기 위한 에너지와 식량 그리고 장비 등 필요한 모든 자원을 생산하며 자족기능을 갖춘다. 소행성을 기지로 사용하기 위해 간과 해서는 안될 것 중 중요한 것이 온도와 중력이다. 온도의 경우 우주는 본래 차가운 공간으로 그 온도는 절대 온도에 가까울 정도로 매우 춥다. 그러므로 소행성 내의 기지를 지하 시설로 하는 것은 보온을 위해 바람직하다. 물론 그 지하 기지엔 공기와 인공 태양, 흙과 물 등 모든 것이 존재하게 된다. 그리고 중력은 그들의 기술이라면 원심력을 이용해 필요한대로 충분히 만들어 쓸 수 있으리라 생각한다.

소행성이란 우주의 빅뱅 이후 별이 되려다 만 작은 행성을 말하며 물을 비롯해 지구와 같이 많은 물질을 함유하고 있는 별이다. 더욱이 소행성 역시 태양을 중심으로 나름대로의 괘도를 그리며 여타의 별들과 마찬가지로 우주 공간을 운행하고 있다. 이점은 소행성이 이미 속도를 갖고 있으므로 외계인 기지로서 별들 간의 우주 여행을 위한 별도의 막대한 추진 에너지가 필요하지 않다는 얘기가 된다. 다만 자유롭게 우주를 여행 할 수 있도록 시키기 위한 어느 정도의 에너지만 필요할 뿐이다.

외계인 기지로 건설 된 소행성은 마치 움직이는 하나의 작은별 세상처럼 그 안에서 모든 일이 이루어 진다. 지구를 오고 가는 UFO도 만들어지고 SF 영화에서나 볼 타임 캡슬 같은 시간과 공간을 넘나드는 신기한 장비도 만들어 쓸 게다.

이 순간, 외계의 거대한 우주선이 명왕성을 지나 내년 12월이면 지구에 도달 해 지구와 달 사이의 괘도를 돌면서 어떤 예언처럼 지구에서 두 개의 달을 볼 수 있게 된다고 한다. 바로 그 또 하나의 달이 소행성이라는 외계인의 기지, 작은 세상의 한 별이 아닌가 싶다.

새롭게 태어 날 지구를 위한 메시아의 별...., 밤 하늘을 바라보며 하냥없이 내 그들을 기다리는 것은, 그 옛날 나 또한 머나 먼 저 별에서 이곳 지구라는 별에 온 외계인이기 때문이 아닐까.

마장리 작업실

마장리에 있는 나의 작업실은 가평읍에서 조금 떨어진 옥녀봉 산자락에 외따로 자리를 잡고 있다. 오십 평 남짓한 요새와도 같은 콘크리트 이층 건물이다. 애초부터 미술 작업실로 허가받아 나의 아이디어에 따라 지은 집인데, 대게의 사람들은 별스러운 집이라고 말 한다. 그도 그럴 것이 건축가가 아닌 내가 어떠한 모델도 없이 나의 필요에 따라 독자적인 구상으로 지은 집이기 때문이다. 마장리 작업실의 특징은 우선 평면 구성에 있다. 사각형에 다시 그 안에 마름모로 사각형을 구성하여 평면 구성을 했다. 그러므로 구획된 공간은 사각형 외에 삼각형 혹은 오각형 구조를 갖는다. 이 점은 건축에 있어서 공간 활용을 하는데 불합리한 구조라 한다. 하지만 이렇게 공간 구성을 한 것은 공간의 자유로움과 여유를 위해 착안하게 되었다.

그렇게 구성된 이층의 중앙 홀은 하늘이 그냥 뻥 뚫린 공간으로 밤이면 모닥불을 지피며 별을 구경하기에 안성맞춤으로 되어 있다. 그리고 중앙 홀을 가운데 두고 네 개의 삼각형 방들이 배치되어 있다. 침실, 주방, 작업실, 음악실 그리고 침실과 음악실 사이의 화장실이 그것이다. 일층에는 보일러실과 연장과 기물을 보관하는 창고가 있고 나머지는 열린 작업실로 구성 되어있다. 작업실의 외관은 창문이 별로 없는, 본래의 취지는 외부 창은 전혀 두지 않을 생각이었는데 잠깐 마음 실수로 창문을 두게 된, 그냥 드라이빗으로 마감 된 베에지색 사각 덩어리 형상의 단순 구조이다.

마장리 작업실의 본래의 목적은 나만의 아성을 구축하는데 있었다. 밀폐 된 공간 내에서 누릴 수 있을 절대 자유를 위한 아성, 그것은 터부와 같이 평소의 나의 강한 소망이어서 애초부터 건축을 위한 주된 컨셉이 되었다. 나는 사람을 귀한 존재로 생각하는데 있어서 이의가 없지만, 사람을 그리 좋아하는 편이 아닌 때문이었다. 사람이 여타의 다른 생물에 비해서 영악한 탓일까, 하여간 사람은 상대하기에 참으로 피곤한 존재라는 생각이 지배적으로 내 마음에 있다. 그래서 사람을 상대해도 무작위적 다수는 피하고 마음에 찬 한 사람을 찾는 편이다. 그래서 인지 어려서부터 나는 가장 친한 한 사람만을 친구로 두는 편이었다.

내가 마장리 작업실을 찾을 경우는 사람이 성가시어 피하고 싶을 때다. 그래서 대게는 혼자 밤늦은 시간에 이곳에 온다. 허긴 마장리 작업실을 갖기 오래 전, 거반 이십년은 됐을 그 시절부터 나는 가평을 찾았다, 그럴 때면 나는 당시의 아지트였던 사그막이라는 곳의 돼지우리 한편의 누추한 방에서 지냈다. 지금 생각하면 젊은 시절 그 때의 낭만이 그립다. 난로에 불 지피우고 밤톨을 구어 먹으며 밤새 궁상을 떨며 지내던, 낮에는 종일 포크레인으로 땅을 파헤치며 꿈의 공간을 만들고 있었던 그런 시절이었다.

외딴 곳에서 혼자 며칠을 지내면서 내가 누리는 일이란 대개는 일하는 것이었다. 땅을 파 공간을 만드는 일, 특히 포크레인이라는 중장비를 직접 사용해 하는 일은 신이 나기에 충분했다. 순식간에 길을 만들고 연못을 만들 수 있으며 또 다른 넓은 공간을 마음대로 만들어 갈 수 있기 때문이다. 토목(civil work) 이 진정 문화 창출이라는 느낌을 얻을 수 있었던 것도 포크레인 덕분이었다.

인간이 자연을 지배한다는 것은 가능하지도 또한 바람직하지도 않다는 것에 동의 하지만, 우리가 자연을 우리에게 유용하도록 재구성하는 일이란 마치 개미나 벌레들이 집을 짓듯이 흥미로운 일이며 자연스러운 일이라 생각한다. 이곳 작업실에서 때로는 벌목한 통나무를 이용해 심심풀이로 나무 조각을 하기도 하고, 미루어 둔 책을 읽는다던지 혹은 그림을 그리며 이런 저런 구상도 해보면서 시간을 보내기도 한다. 식사는 한 끼분씩 직접 지어 김치와 마늘 장아치 같은 반찬으로 간단히 식사를 하고 눌은밥을 만들어 디저트로 마무리하는 즐거움도 누린다.

무엇보다 즐거운, 아니 황홀한 시간은 저녁 시간이다. 마당에 모닥불을 지피고 복분자나 와인을 마시며 붉게 피어오르는 불꽃 구경을 하는 것이다. 물론 하늘엔 별들이 총총하다. 그러므로 거나한 기분으로 밤하늘을 바라보며 노르웨이의 시골 마을 한 골동품 가계에서 구입한 구 소련제 망원경을 통해 플레아데스 성단을 찾는 즐거움이 그것이다. 사람이 그리울 때가 많다. 사람을 피해 이곳에 와 있기는 하지만 한 사람에 대한 그리움은 피 할 수 없다. 그 한 사람은 선녀라 해도 좋다. 그냥 단초롭게 마주 앉아 눈빛만 확인한다 해도 부족함이 없을 터이니 말이다.

유난히 추웠던 겨울을 보낸 탓인지 늦게 찾아 온 봄날의 녹음이 급속히 온 산하를 덮쳐간다. 옥녀봉 뒷산도 이미 초록으로 여름 단장을 맞추었다. 왜 하필 뒷산의 이름은 옥녀봉인지....

還甲 歌

내게 새날이 밝았다.

묘진사 오미신 유술해 자축인, 그 길을 따라 결국 한 바뀌 돌아 다시 이 자리에 선 것이다.

지난 날은 덧 없어 보인다.

일사 후퇴로 멀리 청양까지 양수 바다를 따라 노를 저어 뭍에 닿은 후 그렇게 세상과 인연을 맺었다.

내게 어머니는 우주의 알이었다.

그 알 속에서 우주의 중심에 서고자 천방지축으로 살아 왔다.

그러다 그 중심이 내 안에 있음을 알고 결국 혼미 속에 빠지며 나는 길을 잃고 말았다.

내게 길은 특별한 의미가 있었다.

길을 따라 걸으며 많은 것을 주워 담았다.
또한 그 길에 그 만큼 많은 것을 흘려 놓았다.
담은 것과 흘린 것 그 안에 쌓인 것은 모두 비릿한 업장이었다.
길은 끝이 없었다.
그 길은 비록 크든 작든 혹은 길든 짧든 하나 같이 내게로 이어졌다.
미끌한 갯벌을 맨발로 걸어 보았을까, 그렇게 여기까지 하냥 없이 걸어 오기는 했다.
종착역은 환갑이었다.
그러나 길은 역시 끝나지 않았다.
희미한 기억을 찾아 살펴 본 이어진 길은 옛날 바로 그 길이었다.
다만 덧 포장한 탓에 한 계단 올려진 길이었다.
이정표가 보였다.
개벽로, 저승으로 가는 길, 60km.
환갑은 지났으니 새로운 시작이다.
새로운 시작을 위해서는 새옷으로 갈아 입어야겠지.
더럽혀진 너절한 옷들, 그러나 꼭 새것이어야 할 필요는 없겠다.
그동안 채여진 족쇠와도 같은 틀도 다 벗어 놓아야 겠다.
육십년 묵은 아나로그적 족쇠를 풀고 디지탈 족쇠의 틀을 차기 위해서 말이다.

이것을 환골탈퇴, 아무렴 환갑이다.
돌고 도는 것이 환갑이다.
사람도 돌고 사랑도 돌고 세상도 돌고 돈다.
그렇듯 돌고 도는 인생에 새악씨와 어우러져 다시 한 바뀌 돌아보면 좋겠구나.
둥기 둥기 얼싸 둥둥....
이렇게 말이다.

배희님

강촌수필문학회 회장
〈문학의 집 · 서울〉 회원 | 동서커피문학상 수필부문 수상
문예사조 신인상 | 수필집 '나도 가끔 외도를 꿈꿀 때가 있다'

그렇게 목이 메인다

울지 마 / 엄마 돌아가신 지 / 언제인데 /
너처럼 많이 우는 애는 / 처음 봤다 /
해마다 가을날 / 밤이 깊으면 / 갈대잎 사이로 허옇게 /
보름달 뜨면 / 내가 대신 이렇게 / 울고 있잖아

정호승 시인의「귀뚜라미에게 받은 짧은 편지」전문이다. 처음 시를 접하고 가엾은 저 아이한테 대신 울어 줄 귀뚜라미가 있어서 다행이라는 생각을 했다. '그래, 이제 그만 울어. 저처럼 달래주는 착한 귀뚜라미를 봐서라도' 그리고 안 된 마음에, 실은 부러운 마음에 나도 그만 울어 주고 말았다.

최근 많이 울어야 할 일이 있었다. 길을 가다, 음악을 듣다,

밥을 먹다가, 선잠에서 깨어나, 혹은 특정 단어에도 그만 눈물을 쏟을 수밖에 없었던 슬픔이고 아픔이어야 했던 큰일이었다. 누군가와 말을 하다 눈시울이 붉어져 그를 당황하게 만들고는 했는데 어쩌면 울어야 할 일에다 이런 저런 서러움이 함께 있어서였는지 모른다.

그런 내게 가까운 사람은 지금 나이가 몇인데 그렇게 우느냐며 핀잔처럼 한마디 한다. 그것이 야속해 또 울고 만다. 귀뚜라미처럼 달래 줄 재간이 없는 사람이니 울고 있는 사람이 불편하기도 했을 터다. 하긴 바보이긴 하다. 이 만큼 살았으니 울고 웃는 감정쯤은 다스릴 줄 알아야 하는 것이라 생각을 하면 맞는 말이라서 이다.

어릴 때부터 유난히 잘 울었다. 어머니는 눈물을 닦아 주시며 눈 밑에 우물을 팠느냐고 놀리셨다. “어디서든 먼저 울면 지는 거야” 어머니가 토닥이며 그 때 해주신 말이다. 잘 우는 자신이 정말 싫을 때가 있다. 내 울음이 상대에게 통쾌감을 줄지도 몰라 속상하다 못해 부끄럽기 짝이 없을 때다. 기필코 눈물을 보여서는 안 되건만 참고 참아도 꾸역꾸역 나오고 마는 데는 어찌 할 도리가 없다. 그러고 나면 상대에 대한 부담감과 울렁증으로 한참 동안 고생을 해야 한다.

그런 이유에서인지 웬만해서 다투는 일도 거의 없지만 누군가를 이겨본 적도 별로 없다는 기억은 그리 틀리지 않을 듯하다. 그래도 간혹 다투는 일에 피하지 못해 부딪치고 말 때가 있다. 그럴 경우 의외로 상대의 눈물을 기습적으로 보는 순간이 있는데 그러고 나면 슬그머니 격했던 감정은 무너지고 거꾸로 내가 잘못했나, 죄스러워지기까지 할 정도니 못나도 한참 못났다.

우연히 내 울음의 원인과 이유를 분석해 본 적이 있다. 가장 먼저 인 원인을 DNA에서 찾았다. 그것도 친가 쪽이라 강하게 믿을 수밖에 없는 큰 이유가 아버지도 울음을 지극히 참지 못하셨다. 그래서 난 아버지를 더 많이 사랑했다. 큰아버지며 고모, 사촌 형제들은 물론이고 덩치 큰 남동생과 전형적인 외향성에 낙천적이고 쾌활하기만 한 여동생까지 언니처럼 잘 운다.

그런데도 유난히 더 잘 우는 이유가 지나치게 심약해서 일 것이라는 생각에 좀더 무게를 두고 있다. '의지의 한국인' 이라 할 내면의 정신력이 내게 없는 것은 아니지만 어쩌다 힘이 센 상대를 만나게 되면 맥없이 쉽게 지치고 마는 것을 보면 확실하지 않을까 한다. 그러니 헛똑똑이에 마음만 나잇값도 못하게 여려 세상살이가 취약할 수밖에 없는 노릇이다. 너는 그게 고질병이라고, 주변 걱정을 듣는 것은 해서 당연할는지 모른다.

또 다른 이유는 혹시 무의식 저변에 자리하고 있을 자기연민에서 오는 것은 아닐지 유추해 본다. 환경이 부분적으로 영향을 주었을지 모른다는 추측 때문이다. 어린 나이 고단함을 집떠나 혼자 해결해야 했으니 얼마나 서럽고 외로웠을까 짐작할 만해서다. 소심한 데다 내성적이고 붙임성 없는 여자아이로서는 꾹 참던지 혼자 울다 이겨내야 했을 테니 엄마 잃은 저 아이처럼 새삼 그 아이가 가엾어진다.

한편 이것도 이유가 된다면 지나칠 만큼 쉽게 동화 되는 헤픈 감성 탓일지도 모른다. 오히려 가장 큰 이유는 이것이 아닐까 짐작 해 본다. 보다 더 감동하여 울고, 누군가의 따뜻함에 울고, 귀 기울여 듣다가 울고, 바라보다 울고, 그가 울어 울고, 내일 같아 울고, 훅 스치는 오래전 향기에 눈물이 나고, 애틋하여 뭉클 하고, 위안에도 아픔에도 촉촉해 져 이렇게 시큰대고 만다. 무엇보다 어딘가에 사무칠 때는 비극처럼 흑흑대다 주룩주룩 눈물을 쏟아야만 자리를 털고 일어날 수 있다.

흔히 사람들은 처절한 것이 삶이라고 이야기한다. 피눈물을 흘려야 할 만큼 사는 것이 아프다는 의미이다. 하지만 또 그렇게 아름다운 것이 삶이지 않던가. 많은 문학작품을 비롯해 위대한 예술이 상처와 슬픔에서 탄생한 것을 보면 알 수 있는 일이다. 정호승 시인은 자신의 문학적 정서는 그늘과 서러움이라고 말한 적이 있다. 그래선지 그의 시를 감상하다 보면 어느새 아픔과 눈물이 따뜻하게 치유되는 것을 느낀다.

상처 없는 사람은 사랑하지 말고 울지 모르는 사람과는 친구도 하지 말라 누군가는 말했다. 언젠가 그리 가깝지 않은 이가 눈썹이 빨개진 채 찾아와 아무 말 없이 울다 간 적이 있다. 차 한 잔 그저 대접해야 했지만 이른 아침 나를 찾아 서럽게 울다 간 그가 갑자기 같은 편처럼 느껴졌던 것은 아마 그 때문이었을 것이다.

그렇잖아도 사는 것이 시려 목이 메는 세상이다. 쌀쌀맞은 사람이, 너무 잘나 인생에 져 본 적 없는 사람들이 이제 조금씩 두려워 지려 한다. 가랑잎처럼 매 말라 까칠한 사람보다 유치한 것에도 마음을 촉촉이 움직여 함께 울 줄 아는 다정한 사람이 그래서 좋은 이유이다.

타자기에 대한 추억

우리 집에는 연도를 알 수 없는 타자기 한 대가 있다. 이곳으로 이사 오기 전 이웃이 폐기처리 하려던 것에 놀라 귀하게 모셔온 물건이다. 제작사가 '크로버' 인 것을 보면 족히 15-6년은 되었음 직 하건만 상태는 좋은 편이다. 들은 바로는 곧잘 사용 하던 것이라는데 그럴 일이 점차 뜸해지면서 관리가 불편해 폐품으로 내 놓으려던 참이라고 했다. 당시 내 흥분은 조금 과장해서 '심봤다' 를 왜치고 싶을 정도였다.

타자기에는 아직 식지 않은 까만 테이프가 예쁜 리본처럼 둘러져 있었다. 급한 마음에 양쪽 손잡이를 돌려 A4용지를 끼우고 자판을 '탁탁' 내려치자 글자가 도돌도돌 요술처럼 박혀 나왔다. 얼마나 놀랍고 기특한지 마냥 기분이 좋았던 기억

이다. 그 후 우리 집을 들리는 모든 이들은 아이 어른 할 것 없이 신기해 하며 한번 씩은 힘을 주어 탁탁 쳐보지 않았던가 싶다. 그래선지 이제 테이프는 제 색을 잃었고 종이를 끼우고 자판을 두드려도 글자는 맹탕이 된 지 오래다.

타자기에 매료 된 계기가 있다. '타이프라이터' 라는 협주곡을 통해 경쾌한 금속성에 흥미를 가지고 들으면서다. 오케스트라와 협연하는 악기는 말 그대로 '타이프라이터'. 유머에 가득 찬 마치 농담 같기도 하면서 위트와 재치가 넘치는 짧은 곡이다. '따도다다닥딱, 또도독 똑딱, 탁, 치익' 반복되는 소리를 듣고 있으려면 빙그레 웃음을 짓게 한다. 그리고 유쾌하다. 무겁기만 한 오케스트라 연주가 장난처럼 재미있을 수도 있다는 것이 새로웠고 지금도 우연히 듣게 되면 역시 기분이 경쾌해지는 것을 느낀다.

어쩌면 타자기가 매력적이라 생각을 하게 된 것은 그보다 먼저 영화를 통해서였을지 모른다. 제목도 기억나지 않지만 기사를 전송하기 위해 급히 타자를 치던 미남의 종군기자 모습이라든가 아무렇게나 널려진 탁자 위에 타자기를 놓아두고, 아니면 어딘가에 그저 올려만 놓은 채 자유로운 복장으로 주저앉아 쉴 새 없이 문장을 만들어가는 작가들을 화면에서 보면서다. 혹은 다소 차가워 보이기는 하나 연주를 하듯 손가락이 자판 위를 오가던 영화 속 여비서 모습에선 나와는 거리가 먼 능력을 보기도 했다. 타이피스트라는 말이 당시로서는 참 세련된 용어였다.

그래서였는지 여고를 졸업하고 취업을 위해 타자학원에 등록한 친구가 있었는데 1분에 몇 타를 쳤다는 둥 하는 말이 참 근사하게 들렸다. 친구는 텔렉스도 배워 실력이 월등했는데 텔렉스의 전문성과 기능을 설명하며 자신을 은근히 뽐냈지만 오로지 부러웠던 것은 1분에 몇 타를 쳤다는 그녀의 타자 실력이었다. 허리를 꼿꼿하게 펴고 자판을 두드리고 있는 멋진 타이피스트, '그녀'의 모습을 보는 듯해서였을 게다.

학교를 졸업하고 잠깐 의류 전담 무역회사에 근무한 적이 있다. 타자기를 처음 본 것은 그곳에서다. 마냥 신기하여 만져보고 싶어 담당자가 자리를 비울 때라든지 잠시 손을 쉬고 있을 때면 조심스럽게 작동해 보았던 경험이 있다. 복사를 하기 위해 까만 습자지를 백지 사이사이 끼우고 약간 둔탁한 소리를 내며 힘들게 타자를 치는 모습 또한 흥미로워 곁눈질이 잦지 않았을까 한다.

무엇보다 타자기를 사용할 때 나는 소리들은 참 독특했다. '따닥' 대는 자판 두드리는 소리는 물론이고 종이를 끼우기 위해 둥근 손잡이를 살살 돌릴 때면 '드르륵' 소리가 났는데 그 소리도 매우 좋았다. 글자 한 줄이 다 차면 '땡' 하는 맑은 소리와 함께 줄을 바꿀 때 나는 '치르륵 철거덕' 하는 약간 고음의 소리는 정말 명쾌했다. 자판을 칠 때마다 벌떡벌떡 일어나 글자를 찍어 대던 활자대가 마치 피아노 속 나무망치처럼 얼마나 신기했는지 모른다. 보기만 해도 듣기만 해도 즐거웠던 기억이 타자기에는 있다.

그러던 어느 날, 타자기와는 많이 다르지만 직접 자판이라는 것을 두드리게 되었다. 486 컴퓨터를 배우기 시작하면서였는데 예전 타자기 자판보다는 훨씬 부드러웠지만 뭔지 모를 그 느낌은 아니었다. 그런데도 얼마나 열심히 놀이처럼 쳤던지 무난히 워드프로세스 시험에 통과 할 정도였다. 기계치인 나로서는 신통할 지경이다. 모두 타자기에 대한 향수 덕분이다.

며칠 전에 지구상 오직 하나 남아 있던 마지막 타자기 회사가 문을 닫게 되었다는 보도를 접했다. 까맣게 잊고 있던 타자기에 대한 추억이 떠오른 것은 그 때문이다. 약체처럼 매끈한 컴퓨터 글자에선 맛볼 수 없는 온기가 타자기에는 있다고 한 누군가의 말이 생각난다.

가끔 그리워할 테지. 경쾌한 타자의 음과 따끈따끈 막 빼냈을 때 박혀 나온 도돌도돌한 활자들. 여전히 따라하지 못할 것 같은 그들의 멋진 스타일들을.

쌩큐 포 더 뮤직

오카리나를 배우기 시작한 지 이미 수개월째, 이제 겨우 음을 찾을 정도다. 말로만 듣던 오카리나. 맑고 청아한 음색이 경쾌하면서도 신비스러워 호기심은 있었지만 다루고 싶다는 생각은 정작 해 본 적이 없던 악기다. 그런데 절친한 지인의 그저 한번 권해 보는 것에 나도 모르게 그만 동참하고 만 경우가 되었다. 처음 악기를 손에 넣었을 때 쥐어지는 느낌이 무척 좋았다. 불지는 않고 만지작대다 품어 보고 볼에 대어 보던 모습을 생각하면 생뚱맞기만 하다. 도자기의 감촉이 묵직하면서도 자그만 해서인지 듬직하면서도 사랑스럽다.

오래 전부터 무슨 악기든 하나 정도 함께 하고 싶다는 생각은 늘 품고 있던 터였다. 그래서 물색하던 것이 아이들이 다루다 만 플룻이나 주머니에 폭 꼽을 수 있는 하모니카 정도였는데 몸에 지니기 쉽다는 생각에서였다. 특히 하모니카에는 옛사랑 같은 묘한 것이 먼 그리움처럼 따라 오는 게 있어 구체적으로 강습을 알아보기까지 했다. 그러다 뜻밖에 만난 오카리나가 다소 의외이기는 하다. 하지만 시간이 좀 더 지나면 단짝이 될 것 같은 예감은 어쩐지 틀리지 않을 것만 같다.

그러고 보니 이미 수십 년 전에 피아노와 기타를 곁에 두고 열중한 적이 있었는데 그 때나 지금이나 악기를 만지고 싶다는 것은 음(音)에 대한 낙(樂)에서 왔을지도 모른다는 생각이다. 사실 어지간히 음율(音律)에 자신이 없는 탓에 음악을 적극적으로 표현해 본 적은 없다. 그래선지 유일하게 즐길 수 있는 것이 듣기라서 종일 고정된 음악 채널에 묶여 편하게 시간을 보내는 일이 대부분이다. 혹은 기호에 맞는 곡만 찾아 오디오를 곁에 두고 사는 편이다. 결코 좋은 감상법은 아니지만 이미 학창시절부터 시작한 음악에 대한 편식이기도 하다.

그렇기는 해도 그 시절 음악시간이 아니었다면 세상에 이렇게 많고 많은 좋은 음악들을 가까이 두고 살지는 못했을 것이라 생각해 보면 행복한 일이다. 당시 모교 음악선생님은 굵은 음성이 매력적인 바리톤 가수이셨는데 우리에겐 끔찍할 정도로, 낯선 서양가곡을 원어로 부르는 시험을 자주 치르곤 하셨다. 시청각실에 모여 FM을 듣던지 수업시간 3년 동안 고전음악을 감상한 후 또한 시험을 치러야 했다. 그런 음악 선생님을 학생들은 좋아라 할리 없었다. 하지만 덕분에 음악에 귀가 틔였고 이태리가곡 한두 곡 몇 마디쯤 흥얼 될 정도는 되었다고 동문들을 만나면 진심으로 말한다.

성격이 그리 동적이지 못해 특히 노래를 불러야 할 자리는 최대한 피하는 편이다. 그렇다고 흔히 말하는 음치는 아니었다. 음악시험 성적으로 보아. 그런데도 통 부르지를 않아서 인지 요즘은 음치가 아니라고 자신 있게 말하지는 못한다. 그런 이유로 점점 가창과는 멀어지고 역시 듣는 편이 좋다.

그런데 언제부터인지 적극적인 음악활동을 그리기 시작했다. 노래를 잘 하는 이가 부러우면서 어느 자리에서나 스스럼없이 즐겨 부르고 싶은 마음이 간절해 진 때문이다. 율동에 곁들여 리듬까지 타고 싶다는 생각까지 있으니 놀라도 참 놀라운 생각의 발전이다. 오죽하면 가까운 친구에게 노래교실을 함께 가지 않겠느냐, 청해보기도 한 것을 보면 노래 잘하는 그들이 정말 많이 부러웠던가 보다. 어디 그뿐이던가. 언제나 조용하기만 했던 친구를 만났을때 그녀는 발리댄스를 오랫동안 배우고 있었다. 상상할 수 없는 일이었지만 유연한 동작으로 음률에 맞춰 율동하는 것을 보고 감탄했다. 그러고 보니 언젠가 우스꽝스럽지만 탱고를 추고 있는 자신을 상상해 본 적이 있기는 하다.

이제 음악을 즐기는 종류와 방법을 초월해 점점 더 가까이 가려한다. 하지만 이것은 생각 뿐 여전히 소극적이다. 해서 특별히 놀 거리가 없는 따분한 나에게 음악이 있다는 것은 고맙고 참말 다행스러운 일이다. 이래저래 세상에 음악이 없다면 무슨 재미로 사나, 생각만 하는데도 고개를 절로 흔들게 한다. 세상 두루두루 모두에게 위안과 평화를 주는 음악. 노벨평화상은 음악에게 주어야 하는 것은 아닐지.

얼마 전 걷지도 못하면서 뛸 생각에 손가락 두세 개만한 오카리나를 더 구입했다. '휘리릭 휘릭' 하는 고음이 이른 아침 가까이에서 들리는 새소리 같아 가슴이 두근대는 것을 느낀다.

그런 날이 오기는 할까?

모처럼 연극 한 편을 보고 왔다. 송년을 며칠 앞두고 있던 터라 설레기도 했지만 무엇보다 후배가 출연하는 극이었고 또 다른 후배의 초대라서 설렘이 더 했다. 눈길을 뽀독이며 극장까지 가는 길은 후배의 손을 잡아서였는지 따뜻했다. 평소 소리 없이 나를 훈훈하게 해주는 후배다.

그런데다 '한 번 만 더 사랑할 수 있다면' 이라는 제목에 마음이 흔들렸다. 오랜만에 보는 연극이어서라기보다 기억에서 이제 영 사라졌다 싶었던 오래 전 사랑이 순간 향수처럼 그리웠는지 모른다. 흔하디흔하다는 사랑이라는 것을 누구들 못 해본 이가 있겠는가마는 아직도 사랑이라는 말에, 그것도 '한 번 만 더' 라는 간절함에 슬쩍 두근대었던 것을 보면 사랑은 여전히 놓아 버리지 못할 꿈인 것만은 확실하다.

그러나 제목만큼 이야기는 특별하지 않았다. 70대 노인들의 푸념 섞인 넋두리가 관람하는 동안 조금 무료할 정도였으니 이미 마음먹고 간 기대는 접어도 좋았다. 이혼 후 혼자 살다 먼저 간 한때 잘나가던 방송국 PD의 상가에 방송작가, 배우, 전직 은행 지점장인 친구들이 모였다. 그들은 화려했던 과거를 회상하며 가정에서 사회에서 별 볼 일 없는 신세를 한탄 한다. 좋았던 옛날을 아련히 추억 하는데 힘센 남성에 대한 솔직한 고백을 할 때는 지금에 와서 고백이라기보다 과장이라는 것을 확인하지 않아도 알만했다. 코믹한 데다 그리 부도덕해 보이지 않았던 것으로 보아서다.

늦게 도착한 전처는 절실하게 애도하는 분위기가 아니다. 다소 복잡함이 서린 무표정이다. 잠깐 스치는 표정에서 연민이었지 결코 냉소(冷笑)나 조소(嘲笑)는 보이지 않았다. 하지만 이혼 할 수밖에 없었던 고인과의 관계를 토로하다 방송작가와의 묘한 분위기를 잠깐 비친다. 남편에게 받은 상처를 그로부터 위로 받았음을 알 수 있다. 70대가 된 그들이 30대 청춘이라 할 즈음 겪었을 만한 고뇌다.

연극이 노년층의 슬픈 자화상 같다는 생각을 했다면 지나친 비약일까. 올 것 같지 않은 70대를 직감할 수 없어서 인지 충분한 공감을 얻지 못한 탓이다. 그런데 이것이 교만일지 모른다는 생각은 또 무언지 모르겠다. 눈 깜짝 할 사이 지천명을 보냈고 다시 이순이 내일 모레인 것을 보면 마음 가는 대로 행해도 크게 법도에 어긋나지 않는다는 70도 그리 멀지는 않았을 테니 정작 남의 일 같지는 않다.

나이듦에 대하여 생각해 보곤 한다. 해가 바뀌자 온갖 매체에서 100세 이상이 될 노령화 가속에 심각성을 두고 야단들이다. 축복이냐 재앙이냐 다투어 보도하는 것도 부족한지 '죽지 못해 산다' 는 자조적인 표현까지 등장한다. 축복이든 재앙이든 그날은 숨 갚게 오고 있다. 축복이 되도록 지금부터 준비하라는 의미이겠지만 이미 노년을 앞 둔 세대는 그동안 노후를 준비할 여유가 없었다.

그러니 축복보다는 재앙이 될 확률이 높다. 그러기에는 남은 삶도 귀하고 소중하다. 아니 나이듦이 언제나 소중했고 귀했으며 싫지 않았다. 그러나 자본주의 사회에 대부분 물질이 좌우하는 관계에서 무난히 소통하며 축복처럼 산다는 것은 그들에게 멀기만 한 일이다. 하지만 나이 들어 초라해 지는 것은 어쩌면 물질이 아니라 권태와 고립에서 오는 것이라 여긴다. 고령화 사회에 그들만의 밝은 놀이와 문화가 필요한 이유이지 않을까 한다.

따르는 노시인 중에 70을 훌쩍 넘긴 분이 계시다. 여전히 소녀 같기도 하고 어린이 같기도 하면서 곱다는 표현보다 외람되나 사랑스런 분위기를 지니셨다. 작가의 글을 읽다 보면 매번 마음을 움직이게 하는 것이 있다. 그런데 그분이 연애소설 연작에 몰두 중이시다. 연전에 이미 자전적 연애 소설을 발표한 이후이다. 실전을 경험으로 준비 중이신 것을 보면 그 분은 여자이시고 문학의 생명력이 그에 있다는 것을 알게 한다. 아름다운 노년과 문학적 모럴이 되기 충분하다.

드라마는 장례를 마친 그들이 합세해 극단을 만들기로 하면서 자기기만 같은 희망으로 끝난다. 그러면서 이제 슬슬 나도 그 날을 위해 무언가 준비해야 되는 것은 아닌가 생각하게 만든다. 인정하기 어렵지만 어느새 노년이라는 타이틀이 코앞에 왔다는 반증이다. 연극은 참 헛헛했다.

그나저나 '한 번 만 더 사랑 할 수 있다면', 다소 통속적이기는 하다. 그렇기는 해도 지금마냥 공허할 때 혹시 모를 그런 날을 즐겁게 상상해보는 것도 괜찮지 않을까. 돌아오는 길에 인생에는 기억하는 사람과 꿈꾸는 사람이 있다고 말한 전처의 대사가 머리에서 오랫동안 뱅뱅 돌았다.

김필례

강촌수필문학회 회원
전 고양신문 기자 | 농협중앙회 공모『초록빛 사랑』당선
환경수기 공모전 당선 | 문예사조『사랑초의 생명력』으로 등단

나이를 말하다

한 사람이 태어나는 시간을 생년월일이라고 한다. 몇 년 몇 월 몇 일 몇 시에 태어났다는 기록은 평생을 따라 다닌다. 자신이 쓸 때 없다고 버릴 수도 없으며 살아가는 동안 자신의 얼굴이 되고 물건의 바코드마냥 한 사람의 상표가 되기도 한다.

나이가 몇살이냐에 따라 10대의 청소년기라고도 하고, 20대의 청춘이기도 하며 3,40대의 중년의 나이일 수 있고, 50대의 장년기와 6,70대 노년기로 크게 일반적으로 나뉜다.

나이에 따라서 연령대 맞는 직업과 생활 패턴이 있게 되고 그 영역안에서 자신을 가꾸어 간다. 나이 대 별로 구분하면 특정한 경우를 제외하곤 거의 대부분의 10대는 대학을 다닐 수 없고 초,중등교육을 받아야 되며, 20대 대학을 30대는 결혼생활을, 40대는 직장생활의 중심에서 인생의 가장 바쁜 일과를 보낸다. 50대엔 자녀들이 다 성장하여 제 2의 인생을 준비하는 과정이 되기도 한다. 그러한 것은 단지 나이가 많아지는 수순으로 따질 때, 혹은 보편적인 모습으로 볼 때이다.

그러나 요즈음의 현실은 그렇게 맞아 떨어지는 모습이 아니다. 누구나 자신이 살아오는 과정은 그러한 보편적인 것과 너무나 다르다. 나이는 그냥 숫자에 불과하다는 말이 딱 맞는다.

10대에 인터넷을 통해 세상이 돌아가는 것을 알고 청년기는 삶의 진지한 고민보다는 직장 잡기에 바쁘다. 장년기에는 생활 터전에서 자신의 의지와는 상관없이 '명예로운 퇴직' 이라는, 4,50대에 '사오정' 이라고 하는 정년을 맞이하게 되는 현실이다.

이목구비가 뚜렸하고 머리는 검은색에 팽팽한 얼굴에서 70대라는 것을 상상할 수 없는 모습을 많이 본다. 40대 이후의 얼굴은 그 사람의 살아온 과정을 보여준다고 한다. 본인이 참다운 가치관을 가지고 생을 잘 견디며 자신의 인격을 만들어 갈고 닦아온 모습일 수도 있다. 반면에 잘 발달한 성형의 흔적일 수도 있으나, 내면을 뺀 겉으로 보이는 젊은 모습만을 볼 때에 많이 놀라곤 한다.

이렇듯 나이를 말하는 것은 별 의미가 없은 시대에 살아 가고 있다. 개개인의 활동영역과 겉모습에서 한 사람의 연령대를 가름해야 하지 않을까. 숫자로 만 따지면 경제적으로 부를 많이 쌓아서 경제적 나이가 많다. 혹은 사회적으로 기반을 많이 다졌다면 사회적 나이가 많다라고 말 할 수 있을 것이다. 학문을 높이 쌓은 사람은 학문의 나이가 많을 테고, 도덕성을 높이 성취했다면 도덕적 나이가 높다 라고 표현 할 수 있는지는 모르겠다. 중요한 건 모든 이치에 도달한 도인의 나이를 묻지 않고, 초월자의 나이, 나무가 자신의 나이를 기억 못하는 자연적 나이라고 생각된다.

이순을 바라보는 이 나이에 손녀까지 보았으니 큰 기침으로 호령도 해가며 살아 갈 수 있겠지만 치열한 삶의 한 연장선에 있는 생활인에 지나지 않는다. 내 나이가 얼마다 라고 의식하는 것 자체가 늙어가는 것을 확인하는 낡은 생각이기 때문이다. '살아있다' 라는 것은 같은 시대를 지나고 있다는 동질감을 가진 나이이고, 숫자에 불과한 나이는 잊어 보도록 노력하는 것이 젊어지는 것이 아닐까. 현실적인 나이를 무시하는 것도 안되겠지만 이를 의식하지 않고 살아가는 것이 살아있는 큰 증거가 될 수도 있지 않은가.

사회적 편리를 위한 나이는 계속 올라간다. 의지와는 상관없이 자신이 던져져 있는 환경을 못 벗어나는 생을 살아 갈 수도 있다. 그렇다 하더라도 자신의 나이는 자신이 만드는 대전환이 필요하지 않을까.

나이가 나이를 먹은 것이지 내가 나이를 먹은 것이 아니기 때문이다.

애틋의 세월

어느 날부터인가 살림살이며 집안의 쌓여 있는 것을 버리는 횟수가 많아졌다. 수북히 쌓여있는 잡동사니들에 주변 정리의 수순으로 볼 수도 있겠으나 일년에 두어 번 쓰는 물건에 굳이 미련을 둘 필요가 없다는 생각에서다. 새것을 필요에 따라 들여 놓은데다 오랜 쓴 살림살이도 내 나이만큼 나이가 들어 꼬질꼬질하고 낡아빠진 것들이 많아진 탓이다. 살림이 기하급수적으로 늘어난 것도 한 원인이기도 하다. 요즈음처럼 하루가 다르게 쏟아져 나오는 신제품 일명 '신상' 들이 산을 이루며 그것이 경제를 살리는 거대한 몫이라는 명분아래 소비하는 것이 미덕이 된 시대이기도 하다.

기술 계발과 생활에서 편리를 강조하는 아이디어 상품들은 상상을 뛰어 넘는 것들이 너무도 많다. 그러한 모든 생활 용품을 다 써 보지도 못한 것에 일종의 피해의식을 갖게 되는 때도 있다. 새로운 것에 익숙하지도 않고, 불편을 감수하면서 쓰던 것만 고집하는 우리 세대는 아무리 알려줘도 익히기가 어렵고 알았다 해도 금방 잊어버리기 십상이다. 전에 낫 놓고 기역자도 모르냐고 핀잔을 주었지만 지금은 컴퓨터는 알아도 인터넷을 모르는 것과 같은 것이다. 농경사회에서는 필수 농기구인 낫은 알아도 기역자를 모르듯, 현대는 컴퓨터라는 물건은 알아도 그 사용법이나 활용을 모르는 것과 같은 것이다. 열려 있는 도구가 무엇에 쓰는 용도인지도 모르며, 주물거리다 쉽게 해결 할 수 있는 것도 결국 어렵게 시간과 힘을 들이며 하게 된다. 새로운 것을 접하려면 그만큼의 용량이 따라야 하는데 어느 이상의 한계에 항상 멈추고 마는 세월이 아쉽기도 하다.

그래서 이제 바꾸어 보면서 버리고 또 다른 것을 채우는 연습을 해 가고는 있지만, 과감하게 버리고 싶어도 못 버리는 무슨 애증의 관계가 그리도 큰지 모르겠다. 고작 버리는 것이 있다면 색깔이 바랜 플라스틱 그릇이나, 작아서 입을 수 없는 옷들 정도다. 손 때 묻어 온 정이 아쉬어 차마 못 버리는 이유이기도 하고 버리는 것이 악덕이었던 세월을 몸에 베어 있게 살았던 탓도 크다.

그래도 많이 버렸다고 생각하는데도 살림살이는 그대로 인 것 같다. 이사라도 여러 번 다니면 많이 버렸을테지만 한 곳에서만 살았던 것 때문일까. 그 자리에 그 물건이 없으면 큰일 날 것처럼 버리지 못 하는 심정이 크다. 그 중에도 가장 비중을 크게 갖고 있는 버리지 못하는 물건이 있다.

30여 년 전 시집 오면서 해왔던 양은 솥단지와, 솜이불, 세숫대야다. 솜이불은 젊어서는 무겁고 홋청을 벗겨 빨아 풀을 먹여 손으로 일일이 다듬어 꿰매야 하는 번거러움 때문에 그렇게 많이 사용하지 않았다. 그냥 버릴까도 생각했다가 당시에도 별로 없었던 솜틀집에서 솜을 타서 이불과 요를 한 채씩 만들어 놓고 꺼내 덮어보니 그렇게 좋을 수가 없다. 버리지 않길 정말 다행이다 싶다. 세숫대야는 빨래를 3ㅇ년이나 삶아왔는데도 스탠이어서 아직도 족히 쓴 만큼은 더 쓸 수 있을 것이 확실하다.

그러나 양은 솥단지는 많이 낡았다. 두께가 반으로 줄어들기도 했지만 허리 부분이 뒤뚱거린다. 다행히 구멍이 나지 않아 지금까지 나물을 삶기에 이것만 한 것이 없고, 금방 손쉽게 요리하는데는 제격이여서 버릴 수가 없다. 한편으로는 나를 닮은 것 같아 안쓰러워서 못 버린다. 허리를 곧추 세우지 못하고 삐걱대는 무릎이며 관절이 마구 쓰여진 내 몸뚱아리도 양은 솥처럼 뒤틀린 모습이다.

'버릴 것만 남았다' 하던 박경리 선생님의 말씀이 귓전에 맴돈다. 내몸도 그렇게 끝내는 버려져야 할텐데 뭐 그리 물건에 미련이 있어 온통 쓰레기인 그것들을 끌어안고 있나 싶다가도, 사는 동안에 서로 엉키고 부딛치며 서로를 나누고 필요로 하여 살아온 것에 대한 끈적한 그 무엇이었던 것 같다.

그래서일까, 아직 버리지 못한 양은 솥단지를 꺼내 쓸 때마다 나를 보는 듯 애처로움을 느끼면서 나와 함께 30여 년을 함께 하며 멀쩡하게 지금도 지탱하는 것에 세삼 고맙기도 하다.

솥단지가 결국 못쓰게 되는 때가 되면 나와 함께 애증의 세월을 보낸 양은 솥단지에 조문을 써보아야 겠다고 생각해 본다.

손녀 바보

큰 애가 출가 한지 삼 년, 그 사이 우리 가족 관계는 많이 변했다.

남편은 할아버지가 되고, 나는 할머니가 되었다. 아들은 딸의 아버지가 되었으며, 곱디 고은 모습으로 웨딩드레스에 면사포를 쓰고 아들과 축복의 결혼식을 치른지 얼마 안되는 며늘아이는 엄마가 되었다.

삼 년이면 아직 신혼기임에도 불구하고 딸이 태어남으로 청춘의 연장이라기보다는 주부가 되어 시어머니가 그랬고 친정어머니가 그랬던 것처럼, 매일매일 24시간이 모자라고 몸이 열개라도 모자랄 정도로 주부의 길을 가고 있다. 요즈음의 젊은이들은 결혼생활이 예전과 달리 많이 편하리라 예상 했건만, 옆에서 보고 있노라면 그것이 아니다.

많은 것이 없었고 그리 필요를 느끼지 않았던 그 시절에는 넉넉한 가제천 기저귀와 뜨거운 물을 담아놓은 보온병과 아가 비타민이라던 비오비타인가 우유에 타먹이던 약, 엉덩이 무르지 말라고 분통에 담아 있던 하얀 분가루 정도였다. 아기에게 젖을 물리고 자면 기저귀 빨래와 집안청소를 끝내고, 아기가 잘 때 잠시 눈 붙이고 한숨 꿀 맛같은 잠을 자는 시간을 가질 수 있기도 했다.

컴퓨터가 시대를 대변하 듯 지금은 바뀌어도 너무나 바뀌었다. 기저귀는 일회용으로 대체를 해서 일일이 기저귀를 따로 모아 삶고 빨아 차곡차곡 개어 놓은 일은 줄었다. 간신히 보채는 아기를 재워놓고 집안 청소와 빨래를 대충 해 놓고 컴퓨터 앞에 앉는다. 육아 싸이트에 올라온 아기를 키우는 엄마들의 경험담과 아기가 이럴땐 어떻게 대처를 해야만 하는지의 방법이며, 아기의 장난감은 몇 개월에 한번씩 바꿔주고, 이유식은 어떤 것이 좋으며, 친환경에 대한 정보, 본인 몸매 관리, 재테크까지 같은 또래의 엄마들과 많은 정보를 주고 받고 육아 공부를 한다. 결혼과 동시에 아기를 키우며 유아교육과를 전공하는 셈이 되는 것이다.

손녀는 이제 태어난 날 수로 치자면 500일도 채우지 않았는데 제법 잘 걷고 말은 잘 못하지만 '아빠' 소리는 정확하게 잘 한다. 그런데 문제는 남자만 보면 다 아빠라고 생각하는 모양이다. 아빠라는 뜻을 이해 할 줄 몰라 남자처럼 생기면 다 아빠라는 뜻을 자기 나름데로 해석하는 것처럼 보인다.

아장아장 걸으며 주위에 있는 모든 것이 손녀 눈에는 새로운 것이고 그것을 쟁취하기 위한 치열한 몸부림의 연속이다. 어른들은 어린 것에 위험이 될까봐 이것도 안 돼 저것도 안돼 하며 감추고 찬장이며 서랍, 책상위에 있는 모든 것을 치우기 바쁜데, 손녀는 그 치우는 것에 더 애착을 보이니 하루하루가 전쟁이다. 하루는 가장 눈독을 들이는 물건인 핸드폰 이 아무리 찾아도 없어 잊어버렸다고 있는데 혹시나 하고 휴지통을 보니 거기다 아주 잘 넣어 두었다.

어느 날은 며느리의 카드가 없어져서, 온 집안을 샅샅이 찾아 헤매고, 아들과 서로의 책임을 물으며 언성 높여 싸우기까지 하였고, 결국엔 분실 신고까지 가는 큰 소동이 있었다. 현금 대신 카드를 쓰는 요즈즘, 작은 카드 하나 없이는 생활 할 수 없는데 카드를 잃어버린다는 건 큰 일이 아닐 수 없었기 때문이다. 온 집안을 난장판을 만들며 찾아 보아도 나오지 않아 결국 체념하고 뜬 눈으로 밤을 보냈다. 다음 날이었다.

손녀가 쓰레기통을 열어서 버리는 습관이 하나 생긴 것을 발견하였다. 혹시나 해서 쓰레기통을 뒤져봤더니 그곳에 잘 버려둔 것이었다. 엄마, 아빠가 큰 통에 무엇을 넣는다는 것을 눈여겨 본 손녀의 모범적인 환경 생활인의 답습기였다. 정말 울지도 웃지도 못할 초유의 사태였지만 불행중 다행의 사건으로 마무리 지었다. 손녀는 카드가 쓸데 없는 것이란 것을 벌써 알았을까 생각만해도 당돌한 녀석이다.

특유의 '씩' 하고 웃는 모습은 가족의 관계를 유화시키고, 둘이 있어 적적하고 웃을 일이 없는 집에 손녀가 있어 웃을 수 있다는 것은 황혼으로 가는 우리에게 큰 활력소이고 다행이 아닐 수 없다. 간발의 차이로 떨어져 살고 있어도 매일 보고 싶고 어떤 연인 사이가 그럴 수 있을까 싶을 정도로 손녀 사랑에 빠져 있다. 보고 또 보아도 보고싶고 멀리 떨어져 있는 것도 아닌데 돌아서면 보고 싶고 금방 또 궁금해진다. 미운짓도 이쁘고, 때를 써도 귀엽고, 손가락 발가락 하나 움직여도 어떤 큰 일을 해낸 것처럼 대견하고, 어떤 이야기를 해주면 말은 못해도 다 알았다는 듯 고개를 끄덕이는 것을 보면 너무 이르게 되면 어쩌나 하는 염려도 된다.

내 아들 딸 키울때보다 손자 손녀 커가는 모습이 더 애틋하고 사랑스럽고 귀엽다고 이구동성으로 말하는 것에 이제야 수긍이 간다. 성장하는 과정에서 많은 어려운 일도 있겠고, 손녀가 어떤 모습으로 자신의 삶을 살아 갈지는 모르지만, 무리없이 건강하게 자라서 세상에서 필요로 하는 굳건한 주춧돌로써 자리했으면 좋겠다.

그리고 모두에게 유익한 인성과 자신으로 하여금 아름다운 성취인이 되었으면 하고 바램해본다.

백두산에서 백두산을 부르다.

〈2011년 8월 26일〉

오후5시 인천항만터미널 출발, 천명이 넘은 승객을 태우고 거대한 연기 구름을 만들며 배가 천천히 바다 위에서 앞으로 나아갔다. 짙다 못해 검은 심연의 색갈을 보았다. 깊이를 모르는 바다처럼 닮아 갈 수는 없을까. 자신을 낮추고 깊이 깊이 감추는 침잠된 모습에 선박이 지나가며 만들어진 잠깐의 포말은 짧은 이벤트처럼 얼마나 아름다운 순간인가. 노을 먹은 수평선이 직선이 아닌 곡선이라는 걸 바다에서 알았다.

〈27일〉

선상에서 아침 해를 꼬박 기다렸으나 아침 해를 볼 수 없었다. 기다리는 자에게 복이 있나니 그것은 나에게 허용되지 않나 보다. 새벽 바람을 한 껏 맞으며 온 몸의 먼지를 털어내고 정신의 찌꺼기를 훌훌 날려버렸다. 바람처럼 가벼워 졌다.

아침 9시, 단둥에 첫 발을 내디딘으니 석탄과 철광석의 먼지가 먼저 인사를 한다. 바닷물은 온통 탁하다. 생전 처음 버스를 온종일 질리도록 타고 백두산을 향한 여정이 시작되었다.

옛 고구려의 시작점이기도 한, 주몽이 나라를 시작했던 졸본성과 유리왕의 자취와 광개토왕이 말을 달리던 길을 따라 발해의 땅을 차창 밖으로 더듬으며 조상들의 숨결을 새겨 보았다. 그래서일까, 전에 많이 와 본 지형 같다라는 느낌이 들었다.

황금평의 너른 들판에 북한 쪽으로 있는 땅은 아직 잠잠한데 중국 쪽의 땅은 발전의 상징인 양 빌딩들이 쭉쭉 들어서고 있었다. 북한의 두번째 도시라는 신의주의 모습을 보며 곤고한 그들의 삶이 눈으로 확인 되었다.

압록강의 철교와 끊어진 다리에서 6.25의 상처가 60여년이 지난 지금껏 지속되는 것에 민족의 아픔이 가슴까지 와 닿았다. 신의주 일대의 벼농사를 빼고는 끝없이 펼쳐지는 옥수수 밭은 졸다가 보면 옥수수 밭이 보이고, 또 잠결에 봐도 똑같은 밭을 보고 왜 다른 곡식은 심지 않을까 하는 의구심이 들었다. 옥수수가 주식이고 연료이기 때문에 땅이란 땅에는 옥수수만 심는다고 한다.

길림성 통하에서 저녁을 먹고 또 달려서 3시간, 밤 11시가 넘어 백두산 길목에 여장을 풀었다.

〈28일〉

무송에서 아침 8시에 출발하여 2시간을 달려 백두산 초입에 다다랐다. 벌써 주차장에는 많은 차들이 빼곡히 차 있었다. 그 곳에서 셔틀버스로 1시간, 오전 11:15에 또 6인승 짚차로 30여 분이 걸려 백두산에 도착했다.

아침에 이슬비가 오더니 차로 이동하는 도중 가이드는 백두산을 볼 수 없을 수 있다고 했다. 북파 코스의 백두산은 다행히 맑은 편이었다. 굽이 굽이 돌고 돌아 덜컹이는 짚차에 온몸을 맡긴 채 천지를 본다는 기대감으로 옆사람이 무릎을 웅켜잡아도 아랑곳하지 않았다. 중국 기사의 운전은 곡예 수준을 이미 넘어 상당한 경지에 이른 백두산의 달인이었다.

2천8백여 미터의 높이를 벌레가 기어가듯 백두산을 오르내리는 짚차들의 힘겨운 반복길이 아스라이 보인다.

머리가 하얗다고 백두산이라는 이름이 되었다고도 하며, 백번 올라가 두번밖에 볼 수 없다 하여 백두산이 라고 말을 붙이기도 했다. 원래 3천5백여 미터의 높이였는데 화산이 터지면서 현재의 모습이 되었다고 한다. 짚차에서 내려 땅을 밟으니 자갈이 깔려 있는 척박한 땅이 넓게 펼쳐 있었다. 천지라는 기대에 못 미치는 땅이라는 감이 든 것도 잠시 매서운 바람이 천지를 안내하고 있었다.

두꺼운 옷을 겹쳐 입고 조금이라도 빨리 가서 천지를 보아야 했기에 바람을 안으며 온 걸음으로 위로 향했다. 50여 미터를 걸어 올라 가서 책자에서 혹은 사진에서 많이 봐 왔던 '천지' 라는 간판을 보고서야 천지에 왔다는, 백두산의 정상에 서 있다는 것을 실감했다.

천지가 파아란 맑은 얼굴을 보여 주었고 넓은 칼데라 호수의 아름다운 모습에 감탄을 했다. 조금 후에 산 아래에서 운무가 솟구치고 천지는 분을 바른 듯, 얼굴이 신비에 싸인 듯, 순식간에 안개가 얼굴을 가리고 있었다. 정신없이 카메라 셔터를 누르고 나니 천지의 모습은 사라지다 보이고 보이다 사라졌다. 변화무상한 모습이 몇 분동안 이루어지고 있었다. 천지에 머문 1시간이 어찌 지났는지도 모르겠다. 천지를 볼 수 있다는 믿음을 저버리지 않게 해 준 천지, 파아란 마음으로 정화된 것은 표현 할 수 없는 경험이었다.

천지를 보고나니 그제서야 주위에 있는 것들이 눈에 들어왔다. 화산재가 까맣게 보이고 황량한 상처 속에 피어난 생명의 아름다움이 펼쳐졌다. 살아오면서 한번도 보지 못했던, 땅에 꼭 달라 붙은 야생화의 모습을 카메라에 담았다.

굽이 굽이 미끄러지 듯 짚차를 타고 내려 왔을 때는 비가 내리고 비는 굵기를 더 했다. 쏟아지는 빗 속을 뚫고 영하 수십 도에도 얼지 않은 장엄한 장백폭포를 보았다. 공기가 맑아선지 주룩주룩 오는 빗속인데도 사진기의 사진 화면은 선명하기만 하다.

백두산의 절반이 중국으로 넘어 갔다고 한다. 우리의 영산 백두산은, 이웃 나라간의 분쟁이 되어 산은 그대로이되 또 다른 사람들의 싸움터가 되고 있는 씁쓸함이 있었다. 우리의 영토를 씩씩하게 거림낌없이 갈 수 있는 날을 기대하며 돌아와야 하는 여행자의 발걸음은 가히 기쁘지만은 않았다.

최경애

강촌수필문학회 재무장
서정문학회 회원 (수양딸로 등단) | 쉼표문학 회원
시와 그리움이 있는 마을 (시낭송가 회원)

가 방

여성 패션의 완성은 과연 무엇으로 완성될까? 구두, 악세사리, 옷 그것들도 아니면 가방. 샤넬은 브랜드 100년 역사상 한국에서 신기록을 세운 게 있다. 지난해 7월 신세계백화점 강남점의 샤넬매장 오픈 당일 매출이 4억6000만원을 기록, 단일 매장 오픈 역사상 최대 매출을 기록했다고 한다. 그와 더불어 지난 5월에는 샤넬의 대표적인 가방 '2.55'와 '클래식' 시리즈 가격을 25%나 올렸음에도 가격을 올리기 전에 가방을 사두려는 한국의 소비자가 한꺼번에 몰려 500만원도 넘는 그 비싼 가방이 품절되는 진풍경이 벌어지기도 했다. 연일 메스컴에서는 이런 물건을 사 두려는 사람들의 이야기와 투기를 목적으로 명품에 투자해 돈을 버는, 샤넬과 재테크의 합

성어 즉 '샤테크'란 신조어의 뜻을 알리기에 정신이 없어 보이는 듯도 했다.

도대체 샤넬이 어떤 가방이기에 엄청난 가격에도 사람들이 몰려들까? 왜 이토록 가방 때문에 북새통인 것일까? 어느 학자는 '21세기에 여러 가지 명품 중에서도 가방이 주목받는 이유는 21세기가 지닌 유목민적 환경 때문'이라고 말하였다.

이렇게 21세기 유목민의 필수품하면 가방, 휴대폰, 그리고 신용카드 정도라고 말할 수 있는데, 국내여행이 되었든 외국여행이 되었든지 간에 여행이 일상화 된 지금이기에 무엇보다 남이 알아 주길 원하는 품목인 가방을 고집하는 이유가 되지 않았을까.

가방의 대표라고 한다면 그건 아마도 조선시대의 '바랑'을 이야기할 수 있을 것이다. 조선시대에 여행을 가장 자유스럽게 할 수 있었던 계층은 승려들이었다. 이들은 사회적으로는 천민(賤民)에 속하였지만, 전국의 좋다는 명산은 다 가 볼 수 있는 혜택을 누렸는데, 이 운수행각(雲水行脚)의 필수품이 바로 어깨에 멜 수 있는 바랑이었다. 재질은 먹물을 들인 두꺼운 천이었으며, 색상이야 딱히 곱지는 않더라도 천으로 만들어 진 것이라 가벼웠다. 바랑 속에는 밥 먹을 때 필요한 발우와 예불할 때 필요한 목탁이 있었고, 약간의 비상식량을 가지고 다니며 유사시에 대비하였다. 이렇게 유목민의 필수품인 가방이 옛날의 바랑에서 소위 말하는 명품 가방으로 그 외형

만 바뀌게 된 것이다.

이렇게 21세기의 필수품이 되어버린 가방이지만, 모두가 다 한결같은 명품만을 고집하다 보니, 명품이라고 하는 가방을 들고 다니는 사람들의 모습이 내겐 모두 천편일률적으로만 보인다. 그래도 굳이 명품 가방만을 고집하는 사람들이 많아짐에 그것을 흉내 낸 가짜가방이 많이 나오게 되었고, 그에 따라 명품 가방과 명품을 흉내 낸 가짜가방을 구별하는 방법도 있다. 그것은 아주 세세한 것의 차이인데, 지퍼가 열릴 때의 매끄러움이나 바느질의 모양 정도이다. 그러나, 그 가짜 가방도 지퍼가 안 열려서 가방을 못 쓰는 건 아닐 것이고, 바느질 역시 조금 삐뚤다고 해서 가방이 뜯어지는 건 아닐 것이다. 다만, 한국 여성들이 명품가방에 집착하는 이유는 역시나 다른 사람 눈에 보이기를 좋아하기 때문일 것이라고 생각을 하게 된다.

'가방이 명품이라고, 신발이 명품이라고, 그리고 옷이 명품이라고 해서 내가 명품이 되는 것은 결코 아니다. 내 스스로 내 자신이 명품이 되어야만 진정한 명품족이 될 수 있다. 우리는 항상 남의 시선을 의식하며 산다. 남이 가진 것, 하는 것, 모두 하고 싶어 하고, 갖고 싶어 하지만, 정작 머리에 지식을 쌓고 남을 사랑하고 배려하는 마음은 가지려 하지 않는다. 그래서 어찌 나 자신을 명품으로 만들 수 있겠는가. 누구나 명품적 기질은 타고 난다. 하지만, 외적인 모습만으로 명품을 드러내고자 하기에 진정한 명품적 기질을 찾지 못하고 있는 것 뿐이다' 라고 했던 어느 강사님의 이 말씀이 생각난다. 몇 일전 인사동에 나가 도예방에 진열된 도자기를 보았다. 도예방에 진열된 도자기는 굳이 브랜드를 들먹이지 않더라도 그 자체가 명품으로 빛나는 도예들. 언제 보아도 우아하고 귀족적인 자태가 물씬 풍겼다.

남들이 말하는 명품 가방을 나는 아직 하나도 갖지 못하고 있다. 나이가 들고 주위 친구들이나 지인들이 명품 가방을 하나씩 들고 있는 걸 보면, 나도 하나쯤은 있어야 하지 않을까 하는 생각이 들기도 하지만, 명품 가방 하나 없으면 어떠한가?

진정한 명품족이 되기 위해 지식을 쌓고, 남을 사랑하며 배려하는, 나 자신을 명품으로 만들려는 노력에 최선을 다해 보리라.

밥 냄새

오늘도 나는 밥을 짓는다. 그리고 밥솥에서 풍겨나는 구수한 향기를 깊게 들이 마시며 감사한다. 배고픔의 서러움을 달래주었던 밥, 일 할 수 있는 힘의 원천이 되어 주었던 밥, 가족간에 빙 둘러 앉아 밥을 먹던 자리야 말로 삶의 향기가 아닐까.

입(口)은 음식물이 들어가는 입구다. 사람이 먹은 음식은 땅에서 나온다. 사람이 먹은 모든 음식은 땅의 지기(地氣)를 받고 자란 것들이다. 이렇게 놓고 보면, 입은 지기가 들어가는 곳이다. 그렇다면 천기(天氣)가 들어가는 곳은 코(鼻)라고 할 수 있다. 사람은 코를 통해서 산소를 호흡하고 냄새를 맡는다. 냄새 중에서 식욕을 돋구어 주는 냄새는 밥 냄새가 아닌가 싶다.

밥솥에서 밥이 맛있게 익어가고 있다. 솥뚜껑 사이로 하얀 김이 조금씩 새나오면서 맛있는 냄새가난다. 사전적 의미의 밥은 '알맞게 부어진 물에 보리나 쌀 따위가 풀어지지 않고 끓어 잘 익은 음식' 이라고 설명되어 있다. 그처럼 잘 익힌 음식인 밥을 먹으면서 단순히 허기진 배를 채우는 그런 의미의 밥만은 아니라고 생각해 보았다. 그래서 어떤 시인은 밥을 우주라고도 했고, 꽃이라고도 했다. 또한 삶의 철학과 깊이가 느껴진다고도 했었다.

요즘 집에서 한 번도 밥을 먹지 않는 남편을 가리켜 '영식님' 한 끼만 먹는 남편은 '일식 군' 두 끼를 먹는 남편은 '이식 놈' 세끼를 모두 먹는 남편은 '삼식이 세끼' 라고 한단다. 밥을 집에서 한 끼도 먹지 않는다던가 아니면 모든 끼니를 집에서 먹는가에 따라 호칭이 달라지는 것을 알 수 있다. 요즘은 일부러 아침을 간단하게 먹거나 아예 먹지 않는 경우도 있다고 하지만 남편들에게는 그저 웃어 넘길 수 있는 유머만은 아닌 것 같아 씁쓸함을 감출 수 없다.

친구들과 이야기를 나누다보면 이 유머가 실감 날 때도 있다. '밥하기가 싫어 졌다, 남편이 저녁을 먹고 오는 날이면 좋다, 그냥 나가서 사 먹는 것이 좋다' , 등 유머와 은근히 통하는 이야기를 들으면서 웃고자 하는 이야기만이 아님을 실감한다.

유행하는 유머와 상관없이 그리고 밥하기 싫어하는 친구와는 조금 별게가 될지는 몰라도 나는 밥 냄새가 참 좋다. 밥을 지을 때 알맞게 뜸이 들고 있는 밥솥에서 풍겨나는 그 구수한 냄새 말이다. 물론 어릴 때야 어머니가 해주신 밥을 먹고, 학교에 가고 직장도 다니고 해서 잘 알지 못했었다.

결혼을 하고 나서부터는 그 일이 고스란히 내 일이 되어버린 후, 누가 나에게 어떤 향기가 가장 좋은가 하고 물어 온다면 서슴없이 답할 수 있는 것이 밥 냄새이다. 결혼 후 한 이십년 가까이 밥을 지었으니, 실로 헤아릴 수 없을 만큼 쌀을 씻어 밥을 해 왔다. 하지만 아직까지 밥하는 것에 싫증이 난 적은 거의 없다. 아마도 혹 그런 적이 있었다면 아이를 가져 입덧을 할 때 정도라고나 할 수 있다.

밥이 끓기 시작할 즈음 냄비뚜껑을 살며시 열고 맡는 그 냄새. 불을 줄이고 가만히 귀 기울여 '따작 따작' 하고 냄비 밑에서 누룽지로 변해가는 소리 역시 풍기는 밥 냄새만큼이나 좋다. 밥 냄새는 어떤 밥을 짓느냐에 따라 밥의 향기가 달라지는 것을 알 수 있다. 흰 쌀밥을 지을 때는 달콤하면서도 구수하고, 보리를 조금 더 많이 넣어서 하는 보리밥은 오랜 세월을 함께 한 벗에게서 나는 정겨운 냄새가 나고, 찹쌀에 콩이며 팥, 은행, 밤, 대추, 등을 넣어 오곡밥을 지을 때엔 말로는 표현이 어려운 그야말로 온몸의 오감을 깨우는 향기가 진동을 한다.

우리 일상 중 가장 많이 쓰이는 말이 '밥 한번 먹자'가 아닌가 싶다. 한동안 소원했던 지인들이나 보고 싶은 이들과 함께 하고 싶은 일이 밥 한번 같이 먹는 일이다. 지금 우리가 그리워하는 것은 밥 지을 때의 향기뿐 아니라 그 향기 속에 배어있는 우리의 삶이기 때문이다. 밥 한 그릇에 기쁨도 있고, 슬픔도 있고, 우리네 일상 속의 수많은 이야기가 지금도 살아 숨 쉬고 있다.

지금, 내 손으로 밥을 지어 함께 먹어 줄 가족이 있기에 나는 행복하다

자전거 타기

'자전거가 인간을 자유케 하리라' 신문을 정리하던 나는 잠시 그 기사에 관심을 가졌다. 기형적으로 앞바퀴만 커다란 1870년경의 초창기 경주용 자전거를 비롯해 첨단소재와 과감한 디자인을 적용한 미래의 자전거 모습까지..

인류는 언제부터 자전거를 타게 됐을까? 자전거를 최초로 고안한 사람은 레오나르도 다빈치라고 주장하는 이도 많지만 아직까진 설계도의 진위가 논란거리로 남아있다고 한다. 자전거가 처음 나왔을 때는 귀족들의 오락거리였고, 경망스러운 물건으로 인식됐다고는 하지만, 요즘은 엔티크 자전거, 도로형, 산악형 등 현대자전거, 기하학적 모양의 미래형 자전거까지 모양은 물론이거니와 몇 천만원을 호가하는 각양각색의 자전거도 등장하고 있다.

내가 자전거를 처음 접한 것은 초등학교 2학년쯤으로 기억된다. 그 당시 놀이는 고무줄놀이, 돌치기, 술래잡기 등이 고작 이였다. 그러던 어느 날 놀고 있는 우리들 사이로 친구 한 명이 자전거를 타고 오는 것이 아닌가. 나 뿐 아니라 다른 친구들의 시선도 그 자전거에 꽂혀 움직일 줄 몰랐었다. '우리도 한 번 타보자' 라는 말을 무색하게 만든 그 친구는 자전거 바퀴를 신나게 돌리며 우리 주위를 돌고 있었다. 그때의 그 야속함이란 말로 표현하기 어려웠다. 어렵사리 우리는 그 친구에게서 자전거를 탈 수 있는 기회를 얻게 되었다. 몇몇의 친구가 함께 있었으므로 우리는 순번을 정해 타게 되었다. 그럼에도 우리는 얻어 탄 자전거에서 번번이 넘어지기만 했다. 자전거는 나에게 뿐 아니라 친구들에게도 두 바퀴로 달리는 즐거움을 단숨에 허락하지는 않았다. 아쉽게도 넘어지게 되면 다음 번으로 밀려나 한참을 또 기다려야만 했었다. 송글송글 맺히는 이마의 땀방울과 더불어 넘어질 때 마다 생기는 서러운 자국은 무릎이며 팔굽에 남았다. 하지만 자전거를 그냥 그렇게 쉽게 돌려 줄 수는 없었다. '그만해, 그만하면 됐잖아' 라는 소리를 귀가 따갑게 들어가면서 나는 자전거와 사투를 벌였다. 얼마 만이었을까, 드디어 두 바퀴만으로 땅을 딛고 달릴 수 있었다. 누구에게나 가장 소중한 기억으로 자리잡은 것은 어떤 일을 처음 해 보는 순간 일 것이다. 돌이켜 생각해 볼때 그때의 기분은 내게 가장 소중한 기억으로 자리 잡고 있음을 느낀다.

얼마 전 자전거 도로를 활성화 한다는 뉴스를 들었다. 세계적으로 유류파동이 심한 이때 기름 한 방울 생산되는 않는 우리나라의 현실을 생각하면 늦은 감은 있지만 자전거 타기 운동이 바람직한 방향으로 활성화 된다면 더없이 좋은 일이 아닐까한다.

자전거는 한 때 우리에게도 많은 사람들이 애용했던 친숙한 교통수단이었다. 이웃을 찾아 가거나, 시장을 보러 갈 때, 멀지 않은 출. 퇴근을 위해 자전거를 이용했었다.

얼마 전 자전거 최고의 도시라는 경북 상주를 둘러보는 기회가 있었다. 그 곳에서는 남녀노소 누구나 자전거를 타고 달리는 도시다. 시장바구니에 찬거리를 가득 실은 아주머니가 한손에는 양산을 들고 다른 손으로는 자전거 핸들을 잡고 페달을 밟고 있었다. 치마를 입고 자전거를 타면 불편할 만도 한데 친구들끼리 재잘거리며 등교하는 여학생들 역시 볼 수 있었다. 상주는 이처럼 자전거를 타지 못하면 상주시민이라고도 할 수 없을 만큼 자전거를 빼놓을 수 없는 도시였다. 이처럼 자전거를 즐기는 사람을 늘리는 일은 상주처럼 자전거를 마음 놓고 탈 수 있는 자전거 도로확보와 자전거를 즐기는 많은 사람들을 만드는 일이 우선이다. 하지만 요즘 우리의 환경을 보게 된다면 자전거를 탈 수 있는 여건이 그리 좋지만은 않다. 막상 자전거를 이용하자고해도 만들어 놓았다는 곳은 고작 공원 내의 자전거 산책로뿐인 듯하다. 물론 시내에도 자전거 전용도로가 있다고는 하지만, 인도 옆에 협소하게 만들어 놓아 통행이 결코 쉽지 않다는 것을 알 수 있다. 자전거를 이용하는 사람도, 또 그것을 지켜보는 사람도 안전할 수 있도록 차가 다니는 도로에 갓길을 좀 더 넓게 하면 좋지 않을까 하는 생각도 해 보게 된다. 자전거를 타고 즐기기 위해서는 우리 모두의 더 많은 노력이 필요 할 것이다. 숨 막히는 매연도, 빵빵대는 자동차 소음도 없는 맑고 고운 도시를 만들 수 있다면 사람도 자연도 좋은 일 일 것이다. 자전거 폐달이 돌아가는 소리가 정겨운 상주 같은 도시가 늘어났으면 하는 작은 소망도 가져 보게 된다.

자전거는 아이에게 생애 처음 누리는 자유이다. 아이는 자전거를 통해 세상을 탐험하고, 안전과 균형의 원리를 배우며, 난생처음 승리의 기쁨을 맛보기도 한다. 뒤에서 잡아 주던 사람이 손을 놓는 순간에 두려움을 극복하면서 짜릿한 승리를 만끽도 해보고, 자전거란 아이에게 뿐 아니라 어른들에도 삶의 지침이 될 수 있는 좋은 도구라 생각한다. 살아가면서 삶이 힘들고 좌절하고 싶을 때면 난 지금도 자전거를 배우기 위해 애썼던 어린 시절이 그립다. 자전거 두 바퀴로 달려보려 했던 시절을 되새기며 오늘도 도전하는 삶을 다짐해 본다.

부모도 자식의 한이 되더라

불안 속에서 기다렸던 기별이 오고 말았다. 내 생애 가장 아픈 이별을 겪게 된 셈이다. 엄마, 엄마라고 입에 담는 순간, 입으로 해서 나오는 소리보다 더 먼저 눈물에 녹아내리는 엄마...

생의 단절 뒤엔 이따금 회한의 소용돌이가 있을 뿐이다.

처녀시절 엄마는 긴 머리를 위로 빗어 올리고 맘보바지를 입고 거리로 나가게 되면 지나가는 사람 모두가 와 하는 탄성과 함께 한번씩은 꼭 돌아보는 미모였다고 한다. 일본사람과 의사가 소통될 만큼 일본어에도 능통했으며 뜨개질, 요리, 서예 ,노래 엄마는 못하는 게 없었다. 특히 엄마는 계산이 월등히 빨랐다.

남들은 계산기를 갖다 놓고도 다시금 검토를 하는데 반해, 엄마는 능숙한 솜씨로 구구단을 일본어로 외우면서 계산을 척척 해 내는 것을 내가 보아서 안다.

그런 멋진 엄마가, 노인전문병원에 입원한지 2년 2개월의 고생 끝에 내게 이별을 고한 것이다.

예후가 좋지 않다는 의사선생님의 말씀을 전해 듣고 딱 일주일이다.

말 한마디 하지 못하고, 손가락 하나 까닥하지 못한 채로 누워있던 시간들이다. 그 짧지 않은 기간 동안에도 몇 차례의 위험한 순간들을 엄마는 잘 이겨내 주었다. 장이 꼬여서 코로 들어가던 유동식조차 한달 반이나 끊고도 잘 견뎌준 엄마였다. 그런 엄마였기에 이번 담당의사의 말을 듣고서도 오히려 내가 더 담담했었으니 말이다. 하지만, 갑작스런 사고사가 아님에도 죽음이라는 의식은 늘 일방적인 통고처럼 여겨진다.

그것은 살아있는 시간의 공간이 그대로 스러지기 때문일 것이다. 엄마와 함께 한 수 많은 어제보다, 함께 하지 못하는 아주 먼 먼, 실존하지 않는 앞으로의 시간에 대한 애통함 때문일 것이다.

나는 나의 엄마가 내게 한이 되리라고는 상상치 못했었다.

엄마가 돌아가시기 전 분명 나는 내 엄마께 한 이였을 것이다. 이 세상을 통털어 나 하나만을 이곳에 남겨두고 다시는 오지 못할 곳으로 가려니 발길이 떨어질 리 없었을 거다. 하지만, 그 어렵고 힘겨운 발걸음을 옮겨 딛는 순간 엄마는 내게 한이 되고 말았다.

뇌경색으로 인해 눈이 잘 보이지 않기 시작할 무렵부터 설거지며 집안청소를 혼자 다 하려고 하셨다. 늘 엄마는 이 정도라도 보이고 움직일 수 있을 때 내가 더 해주고 싶어서 그런다. 앞으로 더 보이지 않으면 할 수 도 없는데 뭐 라며 내게 하지 못하도록 하셨다. 그 일을 하지 못하도록 말릴 수 없음을 아는 나는 짐짓 뒤로 물러나 엄마가 하시는 모든 일을 지켜볼 수 밖에 없었다.

운명하시던 날, 나는 아침부터 엄마의 병원침상 옆에서 있었다. 나와 눈 한번 마주치지 못하고, 말 한마디 주고받지 못하는 엄마, 푸욱 꺼진 눈, 앙상하게 말라 붙은 다리와 팔을 보면서 '엄마 힘들지 더 고생하지 말고 천국에 가, 거기서 나 지켜 보면 되잖아' 라는 말을 입안에서만 되 뇌이고 있었다. 순간, 허공만을 응시 하던 엄마의 눈망울이 내 얼굴에 정확히 박히는 것을 느낄 수 있었다.

미덥지 못한 이 세상에 남겨두고 가야 할 당신의 연약한 새끼로만 보이는 나. 다 해진 주둥이에서는 핏물이 번져 나오고, 헝겊처럼 너덜너덜 해진 몸으로도 다른 물고기가 침범하지 못하도록 체력이 다할 때 까지 자신이 낳은 알을 뚫어지게 지켜보면서 강물에 몸을 맡긴 채 생을 마감하는 그런 연어의 눈망울과 멈춰진 엄마의 눈망울이 같았음을...

그러고는 집에 돌아와 미처 세 시간도 흐르지 않았다.

저녁을 해 놓고 집안 정리를 간단히 하고는 병원에 가서 밤을 세워야지 하는 그 찰나의 시간이였다.

이른 아침부터 엄마와 함께 한 하루종일의 시간이였음에도 나는 엄마를 위해 아무것도 하지 않았음을 뒤늦게 깨달았다.

따스한 수건이라도 빨아서 손이랑, 발이랑 그리고 얼굴이라도 닦아드릴 걸, 손톱 발톱은 길어 있었는지, 입고 있던 환자복은 깨끗했었는지, 짧게 잘린 머리는 어느 방향으로 쓰다듬어져 있었는지, 왜 그렇게 사소한 것조차 신경을 쓰지 못했는지, 더구나 나는 왜 이 시간에 집으로 돌아와 있었는지, 오늘은 천국가라는 말을 그리도 많이 했는지...엄마와 함께 한 너무도 많은 순간순간들이 일순간 멈춰 버렸다.

나중에, 아주 나중에 내가 엄마를 만나는 그날까지 엄마는 내게 한으로 남아 있을 것이다.

엄마와의 이별. 그 슬픔은 내게서 많은 것들을 무뎌지게 했다. 생의 모든 것들이 지극히 간결하고, 평생이라는 시간은 더 없이 짧고 단순한 구절이라는 것. 엄마가 나에게, 또 내가 자식에게, 그 자식이 다시 자식에게.. 그렇게 생이 어어져 가는 것이라 생각하면 무상함이 조금은 덜어질 수 있을까.

어느 중견작가는 어머니 얼굴을 모르고 자란 애절한 마음을 시에 이렇게 적었다.

'어머니를 잠깐이라도 다시 만나게 된다면 억울했던 일 한 가지를 일러바치고 엉엉 울겠노라고..'

이별을 하는 그 순간, 엄마에게 하지 못한 말, 하지 못한 행동들을 일러바치고 나도 엉엉 울어 보이고 싶다. 내 가슴에 남아 있는 한을 털어내며..

그렇게,

한마디 말도 없이 엄마는 먼 길을 떠났다.

떠나는 그모습 뒤로 함박눈이 소리없이 쌓여만 간다.

노는 즐거움

캐나다 출신의 인생 컨설턴트 어니 J 젤린스키는 'The joy of not working' 이란 책에서 '일을 많이 하지 말라' 고 주문했다. 여가에 대한 새로운 인식과 여가를 즐기는 지혜를 담은 책으로, 저자는 인생의 소중한 순간은 '일하지 않는 즐거움' 에서 시작됨을 알려주었다. 어떻게 하면 일을 적게 하면서도 자신이 원하는 삶 속에서 보람을 찾고 즐겁게 살아갈 수 있는지를 알려주었다. 경험과 연구를 통해 얻은 결과를 토대로 적게 일하고 많이 놀면서 행복을 느끼고 즐겁게 사는 사람들과 그렇지 못한 사람들의 차이를 구체적으로 말하고 있다. 잠언과 재미있는 만화도 포함하여 '노동량을 줄이고도 생산적으로 일할 수 있는 방법', '소모적이기만 한 직장을 때려치울 수 있는 용기' '열정을 쏟을 수 있는 일을 발견하고 그것을 추구하는 일' 등 일을 하되 자신이 좋아하고 원하는 일을 하는 것처럼, 인생을 즐기며 살 수 있는 방법들을 수록했다. 일을 하는 사람 보다 실업자, 은퇴자가 더 행복하다는 것이 그의 기본 입장으로 논리는 간단했다. 그는 분명 노는 것의 미학을 강조하는 예찬론자였다. 한번 뿐인 인생을 충분히 즐겨야 한다는 것이다.

얼마 전 한 모임자리에서 정년퇴임을 한 지인 분을 만나게 되었다.

모임자리는 그곳에 모인 많은 분들의 이야기로 즐거웠고, 활기에 찼다. 여러 가지 이야기를 나누고 있었는데 퇴임을 하신 지인 분이 '지금껏 정말 최선을 다해 일 해왔고, 명예롭게 퇴임을 했다. 그런데, 나는 이제껏 무엇을 하며 살아왔는지, 잘 모르겠으며 지금부터 인생을 새로이 배워야 할 것 같다'고 하시는 것이었다. 그 분은 문학이야기 아니면, 동인이라 할지라도 같이 나눌 수 있는 공감을 형성할 만한 이야기 꺼리가 없어서 하신 말씀 같았다. 그 분은 직장생활을 열심히 하시면서도 매년 동인지에 작품을 수록하실 만큼 문학활동에도 열심인 분이셨다. 그런 분이 이 같은 말씀을 하시는 것을 들으면서 왠지 서글픈 마음이 한 편으로 들었다.

돌이켜 생각을 해 보건데, 잘 노는 사람이 성공도 하는 세상인 듯도 하다.

물론 요즘같이 바쁘게 살아가는 사회생활에서 잘 노는 것이 쉽지만은 않은 일이지만, 예전과는 많이 달라진 이들을 내 주변에서도 쉽게 볼 수 있게 되었다. 50십대의 아줌마들이 주축이 되어 결성된 밴드그룹을 봐도 그렇다. 열심히 노래하고, 드럼치고, 기타치고, 피아노 치고 여러 작은 음악회의 참여는 물론 자선공연도 하면서, 나에게 베푸는 것만큼이나 남에게도 좋은 에너지를 불어 넣어주고 있는 모습이 행복해 보였다. 그것 외에도 자전거 동호회, 등산 동호회 등 많은 사람들이 자신의 놀이에 흠뻑 취해 있는 것을 보면서 나는 그런 이들의 삶이 보기 좋다. 자신의 재능이나 끼를 나눔이나 기부문화 같은 것으로 베풀면서 일상에 무언가를 남기고, 사는 재미를 보는 것. 누군가에 의해서 그냥 끌려 다니는 삶이 아닌 전적으로 내 삶에 책임을 다하는 모습이 아름다워 보인다.

'인생은 아름답기 때문에 경제적인 문제는 중요하지 않다. 불확실한 미래를 위해 현재를 담보하는 것처럼 멍청한 짓은 없다. 이미 가버린 과거에 집착하는 것도 어리석은 행동이다' 어니 J 젤린스키 그에게 중요한 것은 지금 그리고 여기 'now and here'의 개념이다. 황금만능주의 시대에서 살아가고 있는 우리들에게 그의 노는 즐거움에 관한 이야기는 조금 엉뚱할 수 있겠지만, 지금 내가 있는 이 자리를 생각하게 하는 말이기도 한 것이다. 예전에 보았던 TV프로그램에서 한 노인분이 카메라를 쳐다보며 '늙은이 종자가 따로 있는 것이 아니다, 젊었을 때 실컷 먹고 놀아라' 고 하신 것이 생각났다.

우리네 부모님들은 평생 땅을 일구며 씨앗을 뿌리고, 소를 키우고, 온통 생산의 행위만 하시지 않았나 싶다. 평생을 자식을 위해 그리고 배우자를 위해 살다보니 정작 당신들 본인은 돌보지 못하고 살아오셨다. 잘 놀 수 있는 젊은 시절은 일만 하며 보냈고 정작 좋은 곳으로의 여행을 하실 때 쯤은 건강이 허락하지 않아 다닐 수 없는 처지가 되고 만다. 이렇게 소비라는 걸 해 본적도, 아니 소비가 무엇인지도 모르고 살아오신 그런 부모님들의 인생. 그런 부모님의 삶을 보면 식탁위에 놓인 과일을 보는듯 하다. 필요해서 먹어버리면 향기를 잃고, 오래 놓아두면 모과 열매처럼 말라버리는.. 시간이 흐를수록 향기는 나겠지만, 마냥 놓아두었다간 향기마저 없어져버리는 그런 삶을 어느 누구도 원하지는 않을 것이다.

'돈을 벌려고 이 아까운 시간과 나의 열정을 버릴 수 없다' 고 했던 한철학자의 목소리와 '젊었을 때 실컷 놀라구' 하시던 어르신의 말씀이 크게 들리는 이유는 무엇일까. 나는 우리네 부모님들의 지난 삶을 돌아보면서, 살아가는 동안 재미있게 살고 싶다. 금방 사라질 것들을 향한 집착보다는 나 자신에게 더 큰 배려를 할 수 있는 시간을 가져보고 싶은 것이다.

박문재

강촌수필문학회 감사
고양문인협회 회원
수필집 '회귀', '꽃은 지는 줄 알며 핀다', '강촌으로 가는길'

나의 수필쓰기

'지난 여름은 정말 위대했다' 는 마리아 릴케의 싯귀를 인용하지 않더라도, 계절은 아니, 자연은 일상 속에서 조금도 오차없이 변하고 있었다. 가을의 부드러움은 언제부터인가 슬그머니 사라져 버리고, 벌써 마치 초겨울의 문턱에 들어선 듯 차가운 바람이 불어와서 우리를 서늘하게 만든다.

그러나 계절의 변화와는 달리 우리의 일상은 평범하다.

그래서 우리는 그 평범에서 벗어나려고 여러 가지의 변화를 시도하는 모험을 하게 되고 특히 많은 이들이 무미건조한 일상에서 벗어나려는 삶의 내용을 표현하려고 하는 글쓰기의 방식으로 수필을 택하게 된 것이다.

과연 "수필이란 무엇인가" 졸업학기 수강 전에 지도교수에게 제출할 첫 과제물 제목이었다. 사실 오랜기간을 수필이라고는 하는 장르에 매달려서 지내 온 나도 학문적인 접근에서 당시의 의미는 너무 어려웠다. 과제물은 그런대로 이론서도 참고하고 그동안 창작 경험과 지나온 것들에 대한 회고담도 넣어서 제출은 했지만, 지금도 수필에 대한 내 주장은 미흡하기만 했던 기억이 전부인데, 결국은 다른 분야엔 자신이 없던 나로서는 수필을 논문으로 택해 졸업을 하게 되었다.

어쨌든 나와 수필과 인연은 떼어놓을 수 없는 모양이다.

오래된 이야기이지만 청소년시기를 거쳐 가면서 나름대로 문학수업도 정식으로 공부하지 않은 채, 대학노트에 내가 구획하여 놓은 범주에다 자신의 선을 긋고 소설이니 시니 수필이라면서 경계가 모호한 글을 써내려가면서 나 혼자 흡족했었고, 그때는 자신만의 나르시즘에 빠져있었던 적이 있었다.

그러면서 성인이 되어감에 따라, 전문가도 아니면서 멈추어야 할 문학적 갈구는 지속되어 직장생활을 하면서도 글쓰기를 계속해 내가 살고 있는 소재지의 지방 문학지에 매년 몇편씩 글을 제출하게 되고, 고맙게도 문학단체에서는 발표 할 기회를 주었는데 지금 생각해도 고마운 일이다.

또 수필동호인들과도 지속적으로 글을 공저하여 참여하여 오면서 지역문인들이 마련한 문학의 장인 '울타리'에서 편하게 쓴글이 책으로 만들어져서 많은 이들로부터 글쓰는 이로 불리어지기도 했는데, 그간에, 내용은 단순하지만 2권의 산문집도 발간하는 등 내게는 그래도 열정적인 창작기간이 있어서 나는 즐거웠다.

그리고, 이제는 뒤늦게 수필이외에 타 장르도 접하며 창작활동에 대한 공부를 마쳤고, 더욱이 기쁜 일이 아닐 수 없으며 앞으로 좋은 글을 쓸 일만 남았다.

내가 문학의 길을 버리지 못하고 있는 것처럼, 나는 내 주변에 많은 이들이 정식으로 전공은 하지 않았으나 좋은 솜씨의 글로 훌륭한 작품을 내놓고 있는 이들을 알고 있고, 그분들에게서 창작이란 것은 이론에서부터의 출발이 아니고 생활에서 시작되는 예술의 분야임을 말 할 수 있다.

농부에게선 땀이 어린 글이 있었고, 어려서부터 독학으로 문학을 공부하여 온 분들에게서는 삶의 진솔한 체험이 묻어난 작품을 만날 수 있었는데, 지금도 그 글들이 어느 유명인사의 유식한 학문적인 글보다 더 설득력이 있고 솔직한 감동을 전해 주는 진솔한 글이라고 생각한다.

하긴 이 땅에 문인이 되는 길은 신춘문예는 어려운 등용문이며, 많은 교육기관과 사회교육센터 및 개인 동호회에서는 마음만 먹으면 글을 자유롭게 쓰고 또 발표할 기회가 있어 누구나 글을 쓰는 시대가 되었다.

그래서 문학 인구가 많아지는 반면 제법 근접방식이 용이한 수필문학에 지명도가 높고 따라서 수필관계 전문 수필잡지도 많아지고 수필 인구도 많은 반면 수필 전문가들은 그에 따라

질 높은 수필을 기대하게 되고 수필 창작의 양산을 우려 하게 된다고 한다.

그래서 수필은 문학의 테두리를 맴도는 아웃사이더가 되어있고, 신문의 신춘문예에서도 냉대를 받고 있는 것이 수필문학의 현주소이며 수필가는 많은데 수필다운 수필은 그리 많지 않다는 것이 현 세평이다.

어쨌든 '수필이란 무엇인가'에 대한 나의 생각은, 수필론을 말하는 것은 아니었지만 수필 수강생이었던 나로서는 새삼스럽게 난감해지는건 당연했고, 오랫동안 수필을 써 온 사람으로서 나름데로 수필에 대한 지론이 서야 하는데도 불구하고 다만 현재 독해하고 있는 수필론과 또 내가 그간 창작과정의 경험을 되살려가며 생각해 보았다.

우선 수필론엔 많은 수필가분들의 수필작법과 이론들이 많이 열거되어 있고, 내가 보편적으로 생각했던 것과 같이 수필은 체험문학이라고 많은 분들이 우선으로 이야기하고 나도 공감한다.

소설은 허구를 바탕으로 작품이 이어지는 반면 수필은 정말 자신의 체험에서 우러나오는 정직한 소재를 다루기 때문에 많은 체험이 결국 좋은 수필을 만드는 기본이 아닌가 생각한다.

다음으로는 수필문학은 일상성을 벗어나기 인데, 아마 초창기 때의 나를 비롯해서 모든 초보자들의 수필이 해당될 듯하다.

하긴 나도 내 이야기로부터 시작해 가족 친구 직장동료에 이르니까지 잡다한 신변이 소재가 되었고, 구성상 일상을 떠난 수필은 불가했든 경험이 있다. 지금은 어느 정도 업그레이드 된 듯 한데, 그만큼 수필문학은 생활 속에서 나오기 때문에 어쩔 수 없는 일이긴 하다.

마지막으로 수필은 철학이 깃든 관조문학이라고 한다. 오랜 습작을 통해 노력하고 얻을 수 있는 연륜 속에서 전문적인 철학이 아닌 평범한 생활 속에 예리하게 묻어나는 감동을 주는 노련한 수필 쓰기가 진정 필요하지 않나 싶다,

나로서도 그동안 수필을 쓴 입장에서 연륜도 많지 않고 유명인사는 아니지만, 수필은 부드러운 문체와 솔직한 자기심경을 담은 깨끗한 문장으로 담백한 글을 그래도 알맞은 구성을 가지고 써야 만 제대로 된 수필이 나오지 않을까 하는 나의 작은 의견을 감히 덧 붙여본다.

독서일기

한때 독서일기를 써 본 일이 있었다.

한때라야 몇 년 전 일인데, 뒤늦게 문학공부를 다시 시작해 학교 측에서 수업의 방식으로 택했던 일의 하나였는데, 노트를 구해서 목록도 만들어 놓고 거창하게 시작해서 얼마동안 쓴 것은 좋았는데, 끝은 내지 못하고 중도에 그치고 말았기에 그리 수월하지 않은 일엔 틀림이 없다.

청년기의 학창시절이라면 가능했을 일이다. 유명한 작가들의 젊은 날의 독서 노트엔 동서양의 고전에서부터 광범위한 독서의 편력을 발견할 수 있는데, 그런 시절을 놓친 나는 그런 그들이 좋은 기초에 다져진 이들이어서 좋은 글이 나올 수 있었고, 나도 그런 경험을 가졌어야 했는데 안타깝다.

그래도 어쨌든 늦게나마 기회를 얻은 나로서는 감사를 해야 한다.

주경야독의 나는 리포트와 수강에 도움이 될 참고 자료가 필요한 상황에서 컴퓨터에서 자료를 빼서 사용하는 일이 편하여, 내겐 양서의 고전보다도 더 편하고 실용적인 일이었다.

요즈음과 거리가 먼 고전을 읽는 것은 불가능 했었고, 그 덕으로 그때부터 늦게나마 동서양 책은 많이 접하게 되었는데 최소한 표지에서부터 개요 및 흐름을 알게 된 것은 좋은 경험이고, 독서 경향도 전 보다는 광범위해 지고 또 안목이 넓어진 것은 나로서는 매우 고무적인 일이 아닐 수 없다.

물론 전에도 그저 취미라고는 독서 외에 별로 없는 나에게 책 구입은 일상적으로 컴퓨터 사이트를 통해 구입하여 왔었고, 다른 것에 비해 책에는 유독 관심과 욕심이 많아서 인지 요즈음 뒤늦게 학교에 다니면서 다른 때 보다 책을 더 많이 사들여 놓았다.

지금에 와서 서가에 꽂혀 있는 장서 내용을 보니 나의 좁았던 외곬적인 독서 성향이 눈에 띄며, 문학의 범주에서도 산문 부분들의 영역만을 고수한 것 같아 후회가 된다.

비로소 내가 그간 말로만 들어오던 고전부터 만났다.

예를 들면 아리스토텔레스의 시작에서부터 현대소설에 이르는 이상 문학상 수상작이라든가 또, 나와 같이 수학을 했던 원생 중에 지방신문이지만 신춘문예에 당선작으로 책택된 단편소설도 들어있는 신춘문예 소설 당선작까지 매우 다양하다.

그러나 그 중에서 내 눈에 먼저 띄고 제일 눈길을 끄는 것에 정이 간다. 지금도 내 책상의 한 켠에는 검은 표지의 두꺼운 책이 놓여 있는데 누구라도 책의 두께로 인해 읽어보지 않고라도 위압을 느끼기에 충분한 책인데, 그 책이 하루 동안 일상을 그린 바로 유명한 아일랜드의 작가 제임스 조이스의 '율리시즈' 란 책이다. 언젠가는 나도 그 책을 읽어야만 될 듯하다. 호머의 '일리아드' 에서 인용해서 유사한 스토리와 구성요소를 가지고 있는 율리시즈는 더블린 사람들과 더불어 지금의 아일랜드의 수도 더블린을 무대로 한 문학사상 대가의 작품으로 회자되기도 한다고 한다.

학교에서의 독서 동기 부여 보다 더 계기가 되는 것은 같은 동리에 살고 있는 이웃 분들이었기도 하다.

나에게는 멘토 역할인 이웃들의 독서 권유도 만만치 않은 나의 늦은 만학에 격려 역활이 되기도 했는데, 내게는 그저 운이 좋은 내가 좋은 이웃들의 만남에서 온 그분들의 배려라고 생각된다.

평소에 안면이 있는 동네의 은퇴하신 교수님도 내가 뒤늦게 공부를 하게 된 것을 알고, 오다 가다 나와 만나면 도움말을 주었는데 그 분들이 내게 구해다준 책들 중 아름다운표지의 철학 책을 비롯한 다수의 책들도 그 동기에 포함된다.

그 철학 사전엔 웃지 못 할 씁쓸한 만학의 어려움이 있다. 나로선 평생 듣고 보지도 못했던 '현상학' 이란 단어에 골몰해서 리포트 작성에 애를 먹으며 포기하려고까지 이르렀던 순간에서 간신히 자료를 구해 작성을 하였고, 훗날 그 현상학이란 철학 사상이 철학책의 맨 끝부분에서 20세기에 나온 학설임을 알게 되었으며, 그 만큼 문학엔 철학도 연계 되어 있고, 또 타학문과도 연계 되었음은 물론이다.

그런 난해한 독서는 수박 겉 핥기식 통과 의례를 거친 과정으로 보낸 뒤, 지금에서는 어려운 책들은 다시 장서로 쌓아둔 채 내 마음속엔 이제 책과는 담을 쌓고 살자며 마음먹은 후 내심 마음이 가벼워왔는데 최근엔 다시 책을 사 들여 놓았다.

그리고 휴일 또는 퇴근 후 책장 앞에서 그러저러한 생각에 그 책들을 다시 보니 감회가 깊어져서 다시 만져보지만 읽지는 못한다.

읽지 못한 책에 또 책들이 다시 늘어나고, 읽지 못한 책이 밀리는 편이니 독서는 늘 내게 부담스러운 일과 중 하나이다.

내가 독서에 부담을 느끼는 것과는 반대로 요즈음 나처럼 그런 고민을 다들 하지는 않는다.

지금같이 정보의 홍수시대를 살고 있는 현 세태의 세대에게서 책의 귀함은 거의 없다. 요사이의 문명은 디지털 세대들을 더욱 고속화하여 독서의 필요를 요구하지 않는다. 어디서나 책 읽는 사람들보다, 아이티 문화에 익숙한 이들을 거리와 전

철에서 만날 수 있는데, 그들의 모습은 역시 독서하는 사람들 못지않게 진지하고 흥미롭게 보인다.

요즈음 누구나 가지고 있는 스마트폰의 자동 중 수화기에 대고 의문사항을 물어보면 바로 화면으로 답변이 나타나는 정보 시대를 며칠 전 사무실 동료를 통해 보고 이런 나의 독서지향은 이미 구시대의 전유물로 느껴져서 소외감도 느끼게 된다.

그러나 누군가가 책과 스마트폰 중 하나를 선택하라면 나는 주저없이 책을 선택하게 될지도 모른다. 최근에는 대중가수인 조영남의 이상에 관한 평론과 영어에 대한 실용책을 사들여서 다시 보고 있는데 역시 난해함은 문학책을 따라가지는 못해 문학수업에 언제까지 매달려야 될지 끝이 없는 나의 일이어서, 휴일 아니면 퇴근 후에 언제일지 모르지만 다시, 읽다만 책들을 읽으며, 중단된 독서일기를 작성하게 될 것인지도 모른다.

소설가 윤후명의 산문집

'꽃 피는 삶을 위한 눈물' 이란 제목으로 시작하는 이 책의 저자인 윤후명은 서두에서 말했다.

졸업 후 소설가로 많은 작품과 많은 수상경력을 가진 그가 오랜만의 산문집을 냈다는 신문광고를 보고는 솔직히 나는 매우 반가웠다.

사실 대학원 재학 때에 그에게로부터 2학기의 소설창작연습 강의를 받은 터이고, 세번째 도전으로 소설창작연습 강의 신청 후, 아무래도 아닌가 싶어 어느 날 다른 과목으로 변경한 일종의 배신감으로 지도교수인 그에게 어정쩡했었는데, 산문집이라니 그것 자체로 나로서는 동질감을 느낀 모양이다.

'협궤열차' 의 저자인 윤후명 교수님을 나는 학기초 수강과

목에서 부터 꽤나 오랜 기간을 강의실과 문학기행이나 행사 때 학교 밖에서 뵈었는데 만학인 문예창작 대학원 과정 중 그래도 제일 인상에 남는 분 중의 한 분이다.

그러면서도 두 학기에 걸쳐서 그에게 소설쓰기의 입문에서부터 실제 창작에 이르기까지 지도를 받고, 나 자신도 두 학기에 두 편의 소설이라고 발표를 했지만 단편소설의 글 모양은 내지는 못해 지금까지 아쉬움으로 남는다.

이번 산문집 '나에게 꽃을 다오 시간이 흘린 눈물을 다오'는 그가 소설에서 묘사한 서사의 구조처럼 다소 소설적인 산문이다. 그 중에 그가 창작활동을 하면서 여행하였던 여행기는 소설에의 허구와는 달리 사실적인 내용이 리얼하게 나타났고, 특히 유년 시절의 기억에서부터 현재에 이르기까지 여러 가지의 일들을 묘사한 글은 그의 특유한 담담한 필체로 진솔하다 못해 진지해 보이기까지 하다.

그가 걸어온 인생의 행로 중 진솔한 부분이 나오는데, 나도 지나간 일을 이처럼 솔직하게 드러낼 수 있을까 하는 의구심과 함께 그의 소설에서 느낄 수 없었던 개인의 사생활 부분의 노출 용기에 진정 감탄하며, 그의 강의에서 수필은 정직한 글이라고 말씀하신 적이 기억나는데 비로소 그 말의 진정한 의미를 알 것만 같다.

청상의 어머니와 양아버지의 관계에서 오는 가족구성의 불편함을 그는 자연스럽게 소설처럼 '장다리밭 풍경' 이란 대목에서 유년을 그린다.

글은 현재 살고 있는 평창동 집 앞에 텃밭을 가꾸면서 배추를 가꾸던 어느날 장다리가 피어있는 배추밭에 나르는 흰나비를 보고 갑자기 회상하게 되는 글이다.

유년시절 아버지는 자신의 어머니가 재혼한 양아버지였으며, 아버지는 유년을 비롯해서, 그의 성장과정 중 훌륭히 아버지의 역할을 그에게 해주었고, 그러면서도 한가지 한 일로만 그는 아버지를 반하게 된다. 법무관인 아버지는 그에게 법학자가 되길 원했으나, 문학을 갈망하던 그는 끝내 아버지의 뜻을 어긴 채 문학의 길을 걷게 되었으며, 그러나 자식을 이기는 부모 없다는 말처럼 끝내 아버지도 마지막엔 그에게 힘이 되어 준다.

그러나, 사랑으로 키워준 양아버지의 뜻을 저버리지는 않는다는 신념으로 글을 쓴다고 하는데 그 구절에서 그의 생의 의지가 너무나 돋보인다.

그리고, 더한 결의로는 '잠시도 한 눈을 팔지 않고 자신의 글로 심판대에 서서 자신과 우주를 판단한다' 는 그의 다짐의 결구가 실상은 법관이 되라고 했던 아버지의 뜻을 따르고 있다는 문학인의 자세 같아 사뭇 의연해 보이기도 한다.

그외 여러 편들의 산문들은 작가의 유년시절의 기억과 그밖에, 최근에는 미술에도 관심을 가지고 배우는 과정에서의 일과 국내외 여행기와 문학기행 중의 단상들과 자연에 대한 관심과 애정의 글이 추가된다.

그러면서, 산문집의 5부의 첫머리에는 그가 그린 꽃그림이 등장한다. 마치 기존화가가 그린 듯한 그림들을 보고나니 노년의 나이에도 새로운 것에 도전도 하고, 타 예술의 분야에로의 개척으로 또 다른 창작을 꾀하며 노력하는 그의 치열한 생의 의지가 무척이나 돋보인다.

그의 의욕에 넘치는 꾸준한 앎다움에 대한 미적추구는 어느 누구보다도 신뢰가 가는 작가라고 나는 생각하게 되는데, 만학의 길을 택했던 나로서는 그의 다작의 소설에서부터 이번 선문집에서까지 위로됨을 느꼈을지도 모른다.

하긴 어느 학기 중 초겨울이었던 듯 싶은데, 문화재단의 주관으로 서울 청계천 광장에서 열린 낭독공감행사에서도 그는 약간 열띤 몸짓으로 낭독을 한 그때도 진지했었다.

낭독회 행사주변에 전시된 그림이 그의 출품작이었고, 아마 그때부터 그림을 시작한 듯 하다.

아무튼 타인의 글도 다 좋지만 안면과 교분을 가졌던 지인의 글은 그 반가움이 배가하고, 나는 읽는 동안 그의 글속에서 친근감을 다시 느끼며 언젠가 확실치 않지만 그의 소설 강의에 청강을 가게 될지도 모르겠다.

산문집 서두의 중간 부분들의 이해는 나로서는 난해하다.

'자신의 삶이 어떻게 꽃 피는지, 또 꽃 필지는 알기는 쉽지 않다.'고 했고 식물의 생명이 물을 요구하듯이 우리에게도 눈물이 요구되며 흘린 눈물의 양이 사람을 승화시킨다.' 고 했다.

그만큼 인생의 의미는 눈물의 진가와 비례한다는 말 일 게다.

'나에게 꽃을 다오 시간이 흘린 눈물을 다오' 에서 나는 묻는다. 나는 무엇을 바쳐왔는가, 무엇을 찾아 왔는가와 삶의 진정성에 대해 독자에게 되묻는다.

연극 구경하기

연극 세편을 볼일이 생겼다. 가을 수강 과목인 '희곡 연구사' 는 원생들에게 희곡이 이론이외에 실제의 연극 감상을 통하여 공연에서 오는 느낌을 직접적으로 느끼게 하려는 커리큘럼이 주어졌고 어찌 하였든 간에 나로서는 이러저러한 기회가 주어진 셈이다.

세 편의 연극일정으로 정말 오랜만에 나는 명동주변을 초봄에서부터 초여름이 올 때까지 낯설게 변모해버린 거리의 많은 인파속을 비껴가며 오고 갔다.

그러면서도 약간은 생소하고 그리고 낯선 생각들이 나와는 좀 거리가 멀다고 느껴졌지만, 나의 마음속 한구석엔 공연장 주변으로 시작해 안쪽의 객석과 그리고 관객들 사이에서 그

리 싫지는 않다는 느낌이었고, 연극 구경이 주는 볼거리는 세상 밖의 일 같이 다가왔다.

지하철역에서부터 명동예술극장을 가는 길은 사람들의 천국이다.

일본 관광객을 호객하는 거리를 지나쳐야 되기 때문에 본의 아니게 많은 인파들 속에 휩싸이게 되는데, 그래도 명동은 명물거리다

우리나라에서도 가장 많은 사람들이 붐비는 수도 서울에서

제일 번화하다는 명동이 소재지인 극장에도 거리에서처럼 사람들이 많이 운집해 있어야 되는데, 그러지 못함은 문화를 외면하고 단지 쇼핑에만 급급해서 인가보다. 명동 거리의 그 많은 우리의 젊은이들과 일본 관광객을 포함한 방문객들의 모습을 보며, 극장에 들어가면서도 마음이 좀 개운치 않았다.

내가 찾은 공연장은 토요일 늦은 오후라서 인지 맨 처음 입장했을 때는 텅 비었던 좌석들이 시작을 할 때 쯤부터는 그런대로 관객들로 채워지기 시작했고, 그 중 젊은이들이 다수를 차지하고 있음은 예술지망생이 많다는 것일 테고 조금 전의 내 생각은 기우였음을 알게 된다.

'오장군의 발톱' 의 막이 오르기 전 내가 살고 있는 지역의 공연장보다는 작은 무대를 응시한다.

명동예술극장은 내가 고교시절 '페드라' 라는 연극을 아는 선배 형과 함께 본 경험이 있었던 극장이며, 지난번 '쇼팔로비치' 의 유랑극단을 볼 때는 무대의 왼쪽 앞 자리였는데, 이번엔 오른쪽에 자리를 잡았다.

2차 대전 중 독일 점령하에 세르비아란 작은 마을 무대로 하고 있으며 시민들과 유랑극단들 사이에서 벌어지는 내용을 주로 한 지난공연 '쇼팔로비치' 라는 국외 작품이 비해 이번 '오장군의 발톱' 은 이해하기가 다소 용이해 보인다.

이 연극은 무대에 오르기 전까지 많은 시련이 있었다고 한다. 사실 원작 자체는 오래 전에 쓰여진 작품이고 공연 불가

판정으로 오랜 기간 무대에 오르지 못했으나, 올림픽 개최를 계기롤 빛을 보게 되었음은 다행이 아닐 수 없다.

극단 미추의 집단적 노력에 의하여 밑받침이 되었음을 말할 여지가 없으며 더욱이 '오장군의 발톱'은 원작에는 박조열의 역할이 대단한데, 작가 자신이 한국전쟁 당시 최일선에 있었던 병사의 몸으로 전쟁터가 된 설악산 일대의 험한 능선을 전전한 경험이 충분한 것이 모티브가 되었다고 한다.

작품 중반부에는 군부대 입영 후, 훈련소와 전쟁터에서 가족에 대한 그리움과 평화에 대한 은근한 갈망이 너무나 절절하게 그려져 있는데 군 생활을 한 경험이 있는 대다수의 남자 관객들은 아마 더욱 동질감을 느낄 수 있을 것이다.

아무튼 막이 오르고 벌판에 소나무 세 그루와 호리존트(무대에서 무궁한 하늘을 표현하기 위해 조명 설비와 함께 고안된 사반구형(四半球形)의 벽면에 걸린 초여름의 태양은 육안으로 볼 수 있는 크기보다 다섯배나 크게 걸려 있고, 주인공인 오장군의 멋대가리 없는 노래가 가까이 들리기 시작하면서 연극은 시작한다.

홀어머니를 모시고 농사를 지으며 살아가는 순진무구한 청년 오장군은 먹쇠라는 소와도 교감을 나눈다. 그리고 동네 처녀 꽃분이이게 장가 가기만 기다리는 그에게 어느 날 징집영장이 날라 온다. 징집의 의미도 모른 채 손도장을 찍고 난 후 그야말로 약식으로 결혼의 절차를 마치고, 무대상에서 첫날

밤의 의식도 치른다.

농사밖에 아무 것도 모르던 오장군에게, 군대 생활의 모든 것은 새롭고 서투르기만 해서 오장군은 늘 열외 대상자로 찍혀버리게 된다.

정신없이 욕을 퍼붓는 조교들, 일사 분란한 병사들의 구보소리, 연습장에서 들리는 총격과 포탄소리는 그 모든 것이 그에게는 위협적이며, 그저 매일 밤 오장군의 꿈에 나타나는 해후라는 고향의 가족과 일들에서 유일하게 안식을 찾으며 훈련소 생활을 근근이 이어가게 된다.

군필자의 경우 어쩌다가 다시 군대에 가는 꿈을 종종 꿀 때가 있는데 나를 포함한 군대생활 경험자의 다수가 아마 이런 대목에서 군대 생활의 힘든 기억을 다시 떠올릴 듯 하다.

그러면서 이 연극의 중반부쯤에서 이 작품의 제명이기도 하며, 어찌보면 연극의 주제 일 수도 있는 한 발톱에 대한 장면이 나오게 되는데, 이 대목에서 모두가 의미심장한 감정으로 다다르게 된다.

전사자들이 시체를 찾지 못할 경우를 대비하여 손톱을 깎아두라는 명령을 받는다.

그런데 인사장교가 지켜보는 내무반의 침상에서 오장군의 이병과 수명의 병사들이 커다란 가위로 손톱을 깎는데 오장군 이등병은 발톱을 깎고 있고, 인사장교가 손톱을 깎으라는 명령을 하지만, 결국은 모두가 발톱을 깎게 된다는 내용이다.

어느새 등을 돌리고 말없이 자행하고 있는 동작에서 모두들 자기의 죽음을 생각하고 있는 뜻을 관객들은 알게 되며 무대는 다시 어두워진다. 연극 '오장군의 발톱' 은 전쟁이야기를 다루고 있는 연극 중에도 가상의 전쟁의 이야기가 주류를 이룬다는 점도 이 연극으로서는 특이하며, 결국 오장군의 무지함이 오히려 가장 긴민함을 요구하는 역정보 작전인 공작에 투입되고 적군의 경의를 받으며 총살됨으로 극은 결미를 맞게 되며 절정에 치닫는다.

그리고, 가장 결미 부분에서는 출연자들의 열연이 그만 관객들의 눈시울을 뜨겁게 만드는데, 오장군의 소속부대의 영현하사관이 유골상자를 들고 와서 오장군의 어머니와 아내인 꽃분이와 '먹쇠' 라는 소 앞에 서 있고 그의 가족들은 오열 하면서 연극은 끝이 나는데 가장 큰 슬픔으로 보여진다.

우리는 얼마 안 있으면 다시 육이오 60주년을 맞이하게 되며, 우리 땅에서 일어났던 이 연극처럼, 비극의 순간을 다시 한번 떠올리지 않으면 안 될 것이다. 아픈 기억으로 이 작품을 낳았고, 그 아픔은 전쟁 때문이라는 것이 너무나 명백해지며, 전쟁을 겪지 않은 젊은이게에는 꼭 필요한 메시지임을 이 작품의 연출자는 말하고 있다.

엄마를 부탁해

142쇄를 찍은 '엄마를 부탁해' 라는 책이 요즈음 난리다.

지난 주 만해도 주요 일간지에는 미국시장에서의 번역본이 상위권에 랭크되었다는 관련기사와 연일 문화면을 채우고, 시 도서관 도서 검색 창을 열어보니, 전체도서관에 비치도서가 대출 중이며, 반환 날짜에 맞추어 이미 예약이 되어 있음은 이 책이 얼마나 대중에게 선호도가 높은지 말해 준다고 하겠다.

외국도서인 어느 하버드대 교수의 '정의란 무엇인가' 란 책 이후 국내 도서로는 베스트셀러 도서이다.

나는, 우연하게 읽을 기회가 주어져서 이미 두번을 보았던, 붉은 표지의 화제작인 '엄마를 부탁해' 를 다시 읽어 내려가며 순간 순간 글쓰는 사람의 입장에서 부러운 감정을 떨칠 수 없었는데, 나 이외의 다른 문학인들도 나처럼 그랬을까?

자녀들이 있는 서울로 생일상을 받으러 왔다가 혼잡한 지하철역에서 남편과 동행중 엄마는 실종 하게 되고, 가족들이 엄마를 찾아 헤맨다는 일련의 이야기가 이 소설을 줄거리이고, '엄마를 부탁해' 는 소재로 볼 때는 아주 단순하다.

그러하니, 남은 가족들의 갈등과 내면의 심리상황은 복잡해짐은 물론이다. 그러면서 사이사이 엄마의 일생과 식구들의 지나갔던 사연들이 펼쳐지게 되는데 젊은 작가의 솜씨로는 안 믿어질 정도로 구수하게 역였다.

그건 아마 실제 어머니가 시골집에 계시는 작가로서 예리하고도 섬세한 심리묘사를 작가 특유의 문체와 충분한 구성과 전개로 써내려 갔다는 점이 많은 국내외 문학계로부터 찬사를 받은 듯 하다.

작가 '신경숙' 은 특유한 문체 외에도 서사면에서 특이하다.

정통적인 시점은 삼인칭 아니면 일인칭인데, 그녀는 풍금이 있던 자리, 단편에서 이인칭 시점과 일인칭 시점을 변형하는 방식을 택했던 실험적인 작가로 정평이 나 있다.

그리고, 이번 화제작도 그런 흐름을 이어 오고 있으며, 감성적이고 아름다운 문체, 극히 여성적이며 자기 고백의 형식으로의 서정성이 평론가들로 하여금 다른 기존작가의 작품에서보다 그녀의 작품세계의 문학성에 더 큰 비중을 두게 되었고,

그 점이 바로 찬사의 내용이다.

'엄마를 부탁해' 는 앞에서 말했듯이 탄탄하고 치밀한 구성이 있다.

소설의 구성은 1장에서 4장과 에필로그 부분으로 되어있고 작가는 서술의 방식에서도 장소와 시간의 배열을 정말 틈틈이 꿰어 맞춘 듯이 구성하였는데, 몇 번씩 읽어도 스토리의 앞뒤가 수월치 않음이 소설의 대단한 기법이 아닐 듯 싶다. 서사의 방법 중 '엄마를 잃어버린지 일주일째다' 라고 시작되는 1장에서 마지막장인 에필로그의 부분엔 '엄마를 잃어버린지 구개월째다' 로 끝맺으니 계산하면 약9개월간의 시제의 계산은 용이하다.

그러나, 4장 걸쳐 호칭의 서사면은 난해하며, 독자들에게 단순함을 주지는 않은 화자의 설정이 독자들에게 소설 읽기의 준비를 은근히 부여하고 있지 않나 싶다. 엄마의 실종의 책임 소재를 큰딸 큰아들 그리고 아버지에게 두고 있고, 그들의 고해가 소설의 주제인데, 그런데 그 고해는 '나' 로 단행 되지 않고; 그들은 '너' 그리고 '당신' 으로 대신 불리어 진다.

또, 마지막 4장에서는 엄마가 일인칭 화자로 등장하여 숨겨왔던 엄마의 남자와의 이야기와 그리고, 마침내 자신이 태어났던 엄마의 집을 돌면서 마지막 작별을 나누는 것으로 되어 있다고 했다 라고 책의 후기에 해설하고 있다.

그러나, 작품에 등장하는 가족들이 저마다 하는 고해는 어찌 보면 우리들 모두의 이야기라는 것이 소설이 시사하고 있는 부분 중 가장 크다고 하겠다.

또, 독자들 모두는 이 작품에 등장하는 다수의 인물 입장에서 자신을 되돌아보게 됨이 이소설이 우리를 힘들게 하는 의제다.

가족의 주제는 동서양의 고금을 통해 영원한 문학의 화두이다.

동네문학이었지만 문학동인회에서 내가 즐겨 소재로 삼던 것도 주로 수필이라는 장르라고 스스로 말하고 행하였지만, 그 곳에서도 나는 주로 신변잡기식으로 삼았던 소재는 나의 가족 구성원에 대한 이야기였다.

나는 첫번째 산문집에서도, 아니면 두번째 산문집에서도 어머니를 소재로 한 이야기를 썼던 경험이 있다. 지금 기억나는 것은 역시 영원한 이름의 어머니였던 것 같고, 어느 불교신문사에서 기고한 보쌈김치란 산문이었는데 주로 어머니의 단순한 음식솜씨에 대한 서술이었다.

그리고, 유사한 내용으로 어머니가 돌아가시기 전에 치매로 고생을 하며, 이 작가의 소설 경지는 아니지만 가출한 어머니를 소재를 산문으로 쓴 일이 있는데, 이 소설의 예로 보니 좋은 소설도 일상에서 나오는 것이며, 참 진실한 문학으로서의 내용이 아닌가 싶다.

나로서도 이 작품의 마지막 장인 장미묵주의 장에 정이 간다.

작품 속의 딸은 엄마의 아주 작고 소박한 묵주 선물 부탁에, 그것도 본인의 관광인지 업무 때문인지 모를 여행에서, 성 베드로 성당의 한 수녀로부터 첨언을 들으면서 엄마에게 줄 장미묵주를 구하게 되며, 피에타 상을 보면서 작가는 대단원의 막을 내리게 된다.

어느 누구도 엄마의 희생을 대신할 수 없음에 죽은 예수를 안고 있는 여인에게 엄마에게 향한 이러저러한 죄스러움을 은근히 떠 맡기고 그저 그런대로 마무리를 하는데 작가의 뒷처리가 지혜롭다.

흔히들 신경숙의 글 솜씨를 소설 언어의 연금술사로, 또 단어와 문장은 오히려 무명옷처럼 소박하여, 단어와 문장의 축조가 아니라 흐름이라고 말하며, 독자가 이야기를 이해하는데 마치 시냇물이 강물로 물결처럼 흐르듯이 감정의 전달을 아주 용이하게 하여서 이해의 폭을 도와주는 작가의 면모가 돋보인다고 말한다.

'엄마를 부탁해' 는 출간이후로부터 베스트 자리를 놓치지 않고 문화계에서 엄마 신드롬까지 일으킨 위대한 작가의 탄생이며, 문학인으로 그녀의 더 좋은 작품을 기대하여 본다.

김인애

강촌수필문학회 회원
A+ 에셋 재무상담사

日 常 167

日常

2주가 넘게 쏟아졌던 비가 멈췄다. 오랜만에 창문으로 비추는 아침 햇살이 상쾌하다.

그 동안 찌뿌둥한 느낌 때문에 뭔지 모를 찝찝함을 털어버리기 위해 다시 산책을 나섰다. 대문을 나서면 바로 까치산으로 향하는 나무계단이 발부리에 밟힌다.

손에 들려진 묵주를 가져다 묵주 끝에 매달린 십자가에 입을 맞추고 성호경(가톨릭 신자들의 어떠한 기도를 하든지 시작과 끝을 나타내는 가장 짧지만 요긴한 기도문)을 그으면서 나의 일상적인 기도가 시작된다.

성부와 성자와 성령의 이름으로. 아멘

전능하신 천주 성부
천지의 창조주를 저는 믿나이다.
그 외아들 우리 주 예수 그리스도님
성령으로 인하여 동정 마리아께 잉태되어 나시고
본시오 빌라도 통치 아래서 고난을 받으시고
십자가에 못박혀 돌아가시고 묻히셨으며
저승에 가시어 사흗날에 죽은이들 가운데서 부활하시고
하늘에 올라 전능하신 천주 성부 오른편에 앉으시며
그리로부터 산 이와 죽은 이를 심판하러 오시리라 믿나이다.
성령을 믿으며
거룩하고 보편된 교회와 모든 성인의 통공을 믿으며
죄의 용서와 육신의 부활을 믿으며
영원한 삶을 믿나이다. 아멘.

영광이 성부와 성자와 성령께
처음과 같이
이제와 항상 영원히. 아멘.

예수님 저희 죄를 용서하시며
저희를 지옥불에서 구하시고
연옥영혼을 돌보시며

가장 버림받은 영혼을 돌보소서.

영광의 신비 제1단
예수님께서 부활하심을 묵상합시다.

주님, 부모님의 건강을 돌보소서
주님, 아버지께서 드시는 약주가 약이 되어 건강에 도움이 되게 하소서, 지병들이 더디 진행되어 생활에 불편이 없게 하소서. 또한 아버지의 수족(手足)이 되시는 엄마의 건강을 돌보시어 건강한 생활이 되게 하소서. 남은 여생을 행복하게 하소서.
우리 주 그리스도를 통하여 비나이다. 아멘

하늘에 계신 우리 아버지,
아버지의 이름이 거룩히 빛나시며
아버지의 나라가 오시며
아버지의 뜻이 하늘에서와 같이
땅에서도 이루어지소서!
오늘 저희에게 일용할 양식을 주시고
저희에게 잘못한 이를 저희가 용서하오니
저희 죄를 용서하시고
저희를 유혹에 빠지지 않게 하시고

악에서 구하소서. 아멘

은총이 가득하신 마리아님, 기뻐하소서!
주님께서 함께 계시니 여인중에 복되시며
태중에 아드님 또한 복되시나이다.
천주의 성모 마리아님,
이제와 저희 죽을 때에
저희 죄인을 위하여 빌어 주소서. 아멘.

한 손으론 묵주를 굴리며 성모송을 10번 하는 동안 눈은 산의 이것 저것을 보게 된다. 며칠 사이 장대비는 산의 이곳 저곳을 열심히 쓸었는지 낙엽으로 푹신했던 느낌은 간데 없고, 쓸려진 자국만이 남아 돌부리들만 밟혔다. 언제 이곳이 이렇게 넓었지! 누군가 좁은 길을 닦아 놓은 것처럼 군데군데 휑한 느낌이 들었다.

식물들이나 사람들이나 사는 모습은 비슷해서 살아남은 자들의 마음은 서로에게 수고했을 안쓰러움만이 엿보였다.

주님 이 자리에 초대해 주셔서 영광으로 생각합니다. 아멘.

영광의 신비 제2단
예수님께서 승천하심을 묵상합시다.

주님, 이 세상의 신부님들과 수도자들의 영육 간의 건강을 돌보소서.

주님, 그 분들의 성무(聖務) 활동이 늘 기쁘고 행복하게 하소서.

우리 주 그리스도를 통하여 비나이다. 아멘.

하늘에 계신 우리 아버지,

…

…

은총이 가득하신 마리아님, 기뻐하소서!

…

…

키 큰 나무들 주위의 낮게 앉아 있는 나무들은 아직도 흙탕물로 얼굴을 제대로 씻지 못한 모습이 그대로였다. 사는 게 그렇듯이 번듯하게 있는 자들은 천재지변에도 영향이 없고 언제나 당하는 자의 설움만이 가슴을 멍들게 한다.

비가 오기 전까지 그들의 얼굴은 바짝 말라서 분탕칠을 해 놓은 고운 가루는 바람과 함께 어디론가 날아 갈 것이다. 그렇게 날(日)을 보내다가 약한 비를 만나면 또 얼마나 시원하고 떳떳할 것인지. 그들의 얼굴에 가지런히 떨어져 점프를 하는 물방울이 장난처럼 눈앞에 아른거린다.

주님 이 자리에 초대해 주셔서 영광으로 생각합니다. 아멘.

영광의 신비 제3단

예수님께서 성령을 보내심을 묵상합시다.

주님, 해외에서 선교 생활을 하는 가타리나와 형제자매와 대녀와 저를 아는 모든이의 건강을 돌보소서.

주님, 가타리나의 선교(宣敎)활동에 있을 외로움, 힘듦, 어려움에 용기와 힘을 주시고 사랑과 행복과 희망이 언제나 떠나지 않게 하소서. 또한 라이문도의 사업에도 지치지 않는 힘과 번쩍이는 아이디어로 발전하게 하시고, 형제자매, 대녀 모두에게 성실한 생활이 되게 하소서.

우리 주 그리스도를 통하여 비나이다. 아멘.

하늘에 계신 우리 아버지,

…

…

은총이 가득하신 마리아님, 기뻐하소서!

…

…

군데군데 설치해 놓은 베드민턴 연습장과 체력 단련을 할 수 있는 헬스Health 기구들을 지나친다. 동그란 발판의 헬스 기구에 올라타서 팔을 나란히 하고 손잡이를 잡고 연신 허리를 좌우로 돌리고 있는 어르신도 보이고, 혼자서 가슴 들어올리기를 할 수 있는 기구에 거꾸로 누워 쉬는 사람도 보인다. 사람들이 봉우리로 갈 때 지나 다니는 베드민턴 연습장 옆에는 음료수를 파는 파라솔에서 구수한 커피 냄새와 삼삼오오 모여있는 운동복 차림의 남녀가 깔깔거리는 모습도 보인다. 앞만 응시하고 손에 든 묵주를 굴리며 무표정하게 걷고 있는 나를 그들은 보았을까. 설사 쳐다보는 시선이 있어도 서로의 행동에 도취되어 있는 우리는 누구하나 간섭없는 움직이는 자연이다. 머리에서 성모성을 3번째 외웠을 때 716.8m 봉우리에 있는 철탑을 돌아 다시 오던 길로 내려섰다. 산책하기에 적당한 높이의 까치산은 오를 때 돋았던 땀이 내려서면서 바람과 함께 식어간다. 그러다가 헬기장 같은 평평한 곳을 지날 때면 저절로 하늘을 보기 위해 고개가 젖혀진다. 오늘은 파란 하늘에 솜사탕같은 구름이 뭉게뭉게 피어 있다. 아름답다. 이 평정한 마음이 무엇을 부러워할까?

주님 이 자리에 초대해 주셔서 영광으로 생각합니다. 아멘.

영광의 신비 제4단
예수님께서 마리아를 하늘로 불러 올리심을 묵상합시다.

주님, 제가 아이들을 가르치는데 있어 언제나 초심(初審)을 잃지 않게 하소서.

주님, 그들이 설명을 당장 이해 못하더라도 자고 일어나면 깨닫는 힘을 주시고, 어디서나 사랑을 주고받는 용기를 주소서. 그들의 신분이 학생인 만큼 하기 싫더라도 참을 줄 알며 누구를 위함이 아닌 자신을 위해 노력해야 하는 현실을 알게 하시고 당당하게 살게 하시고 건강도 돌봐 주소서.

우리 주 그리스도를 통하여 비나이다. 아멘.

하늘에 계신 우리 아버지,

…

…

은총이 가득하신 마리아님, 기뻐하소서!

…

…

약수터로 내려가는 길을 지나 다시 능선을 오른다. 바람과 함께 달아났던 땀이 다시 온 몸에 돋아나기 시작했다. 나의 기도와 함께 산책길도 막바지에 이른다. 다시 통나무를 박아 놓은 길을 오르는데 앞쪽에서 내려오는 운동복 차림의 청년이 권투를 하는 모습으로 조깅을 하며 내려왔다. 그러더니 다시 잰 걸음으로 계단 하나하나를 통통 튀기듯 올라가 버렸다. 계단을 지나 울창한 숲 그늘을 걷는 뒤로 그의 통통거리는 발소리가 들렸다. 그는 그렇게 그 곳에서 통나무 계단을 기구 삼아 왕복 훈련을 하는 모양이었다.

장수하늘소처럼 생긴 벌레가 나의 배 옆구리 쪽으로 날아와 흰 옷자락에 앉았다. 그도 자연이고 나도 자연이고 서로 두려울 게 없다. 단지 낯선 사람처럼 내 옷자락을 차지한 낯선 그가 빨리 떠나길 바랐는데, 어라! 엉금엉금 가슴으로 기어 오른다. 할 수 없이 손에 들려진 묵주로 녀석을 치워 버렸다. 사람 사는 것도 마찬가지여서 끼리끼리 동색인 면식(面識)이 있는 사람과 마주하는 모양이다.

주님 이 자리에 초대해 주셔서 영광으로 생각합니다. 아멘.

영광의 신비 제5단

예수님께서 마리아께 천상의 모후 관을 씌우심을 묵상합시다.

주님, 저의 건강을 돌봐주소서.

주님, 아직 제게 남은 사명을 다 할 수 있도록 저의 건강을 보살펴 주소서.

우리 주 그리스도를 통하여 비나이다. 아멘.

하늘에 계신 우리 아버지,

…

…

은총이 가득하신 마리아님, 기뻐하소서!

…

…

마지막 통나무 계단에 이르렀다. 양 옆으로 푸성귀들이 허리까지 자라 마라톤을 달리는 선수에게 격려하는 행렬처럼 반갑다. 통나무 계단과 함께 줄을 이은 푸성귀들의 녹음과 소나무 숲 사이로 보이는 맑은 하늘은 하루의 시작을 희망으로 부풀게 한다.

자연은 말이 없어도 그 속엔 인간이 느끼는 희로애락喜怒哀樂이 있다. 언젠가 다시 흙으로 돌아갈 준비를 하는 우리는 땅으로부터 이방인이 되지 않기 위해 땅 밟는 연습을 하는지도 모른다.

오늘도 곤충들의 전쟁터인 숲 속에서 기도하는 일상이 마치 아무일도 없었던 것처럼 마음이 고요하다.

주님 이 자리에 초대해 주셔서 영광으로 생각합니다. 아멘.

성부와 성자와 성령의 이름으로. 아멘.

윤영준

강촌수필문학회 회원
연세 의원 원장 | 경기도 의사협회 대의원
윤동주 문학사상 선양회 서시작가 협회 정회원

갈등 미움 그리고 고통

사는게 뭔지

사람이 산다는 것이 지구의 억 만 년 시간 중에 겨우 수 십 년 즉 찬라(순간)인 것을 '그냥 그러려니!' 하고 그 순간을 살면 될 것을 그러질 못하고 '갈등과 미움 그리고 고통' 속에서 한 순간도 헤어나질 못하고 마냥 징징거리며 산다는 것이 어처구니없기도 하고 나아가서는 측은하기까지도 하다는 것은 나만의 생각일까?!

.......갈등 미움 그리고 고통.......

심각하게 길게 생각을 안 해도 그 '갈등 미움 그리고 고통'이라는 게 늘 거창한 그 무엇 때문이 아니고 내 가까이에 있는 주위의 사소한 것들 때문에 갈등도 있고 미움 심지어는 결국 고통마저도 생기는 건 아닐까?! 하긴 우리 모두가 다 깨달음이 없는 가여운 중생이라서 그런 거지만.. 후후!

나도 주위에 수 많은 원수들이 있는 걸 보면 내가 산다는 게 깨달음이 없는 그래서 늘 고통스럽기만 한 가여운 중생의 범주에서 결코 벗어나질 못하나 보다. 단 한 번도 따로 만난 적도 없는 사람인데 더구나 헐크같이 생긴 아주 못 생긴 사람이면서, 자기가 날 좋아 한다는 것도 소름끼칠 판인데 , 내가 자길 좋아한다고 동네방네 떠드는 사람이 있어 원수 치부장에 적어 놓았다. 술 몇 잔 같이 해 주었더니 나에 대해 손톱만큼도 모르면서 마치 모든 걸 다 아는 듯이 떠드는 인간도 역시 원수 치부장에 적어 놓았다. 그 뿐인가?! 아주 사소한 일이지만, 뭔가?! 꼭 있을 것처럼 사탕발림을 하면서 멀리 인사동으로 나오라고 해 한 여름 복날 무더위를 겨우 참고서 기껏 찾아갔더니 에어컨도 안 나오는 아주 더운 대폿집에서 자기가 아는 사람들 모아 놓고서 술 값이나 내라는 사람도 원수 치부장에 적어 놓았다. 술 값은 나에게 지불 하면서 저만 혼자 미인을 옆에 두고 술 마시는 친구 녀석도 원수 치부장에 적어 놓았다. 한 여름이라 술손님 없다고 사정을 해 기껏 가 주었더니 세 사람이나 주위에 앉아 내가 겨우 한잔 마실 때 두 잔씩이나 비싼 위스키를 마셔대는 술 집 주인도 원수 치부장에 적어 놓았다. 그 중에 제일 큰 원수는 뭐니 뭐니 해도 시도 때도 없이 속을 썩이는 우리 둘째 녀석이고.. 후후!

아무튼 수시로 내 주위의 그 수 많은 원수들을 위해 저주의 기도를 드렸지만, 미워하면 할수록 그 인간들은 멀쩡히 뺀질거리며 잘 살고 결국 늘 내 마음만 더 힘들어졌다. 하하!

예전에 어떤 성인이 '원수를 사랑하라!' 하셔서 원수를 어떻게 사랑할 수가 있단 말인가?! 하며 그게 뭔 말씀인가 했었다. 적어도 주위의 모든 사람(이웃)을 사랑하라는 것 까지는 그렇다고 하지만 원수를 사랑하라니?! 했었지만, 살다 보니 미워하고 내 마음이 힘들어 지느니 차라리 사랑하는 게 내 마음이 편하다는 걸 저절로 알게 됐다. 그래서 앞으로는 마음의 불편함을 조금이나마 덜려고 나도 원수를 사랑해야 할까 보다.

후후! 무슨 깨달음이 조금이나마 있는 것처럼 그렇게 생각을 하면서도 실은 아직도 가끔이지만 아예 '그 원수들의 목을 단 칼에 쳐 버리고 배를 갈라 난도질을 하면 속이 확실히 시원하지 않을까?!' 하는 생각이 들기도 하는 건, 나라는 사람은 역시 사는 게 뭔지?!를 아직도 모르는 가여운 중생이라 선가 보다. 그래서 결국 가엽게도 '갈등 미움 그리고 고통' 속에서 오늘도 또 헤매기나 하는.. 후후!

하수

사는 게 뭔지

사는 게 뭔지를 알면, 이 세상에서 즉 강호에서 제일가는 고수로 등극하는 것이겠지만, 넓디 넓기만 한 이 강호에서 제일의 고수가 된다는 것이 결코 쉬운 일은 아닌가 보다. 강호에 나선지가 벌써 30년이 넘은 내가 아직도 꼬래비 하수인 걸 보면.. 후후!

그러면 산다는 게 뭔지를 안다는 것은 뭘까?! 하면, 그것은 살면서, 쉽게 말해 아침에 눈 뜨고서, 아무런 생각이 없으면 즉 미세망상이 전혀 없으면, 그것이 바로 사는 게 뭔지를 안다는 거다. 그런 사람이 고수이고..

......하수......

나 같은 하수는 아침에 눈을 뜨자마자, 잘 안 되는 점방을 어떻게 해야 하나?!, 여기저기가 아파서 시작한 아침 운동이지만, 귀찮기만 한 아침운동을 꼭 해야 하나?!, 어제 밤에 왜 운동화를 안 빨았지?!, 아침으로 뭘 먹을까?! 오늘은 제 시간에 출근을 할 수 있을까?!, 아니면 또 어제처럼 늦을까?!, 오늘은 무슨 옷을 입을까?!, 냄새가 나는 화장실 청소는 언제 할까?!, 주말 야외 행사에 신고 가려면 오늘은 꼭 운동화를 빨아야 하는데.., 왜 하필이면 보령에서 해일이 인 걸까?!, 지난 주말에 보령 앞바다에 가려다 말길 정말 잘했다!, 광우병 파동은 언제쯤 조용해 질 런지? 등등 수 많은 생각으로 눈을 뜨자마자 아침부터 머리가 복잡하다. 뭐 다 내가 아직도 산다는 것이 하수라서 그런 거지만.. 후후!

정말 고수라면 출근 할 때 빨간 양말을 신던, 일산에 폭풍이 몰아치던 아무런 생각이 그리고 느낌이 없어야 하겠지! 하하!

점방에서 일을 하면서도 늘 이 생각 저 생각이다. 내일이 어버이 날인데, 미국에 계신 누나에게 전화를 드려야겠다. 어머님 묘에 꽃 좀 사들고 가시라고!, 점심으로 뭘 먹을까?!, 날이 제법 더우니 시간을 내서라도 오랜만에 모란각엘 가서 시원한 냉면이나 먹고 올까?!, 허나 그러면 시간이 걸릴 테니 지겹지만 그저 자장면이나 시켜 먹을까?!, 감옥살이 같은 점방일이 끝나면 날도 을씨년스러운데 저녁에 인사동에 나가서 한 잔 할까?!, 가면 혼자 가나?! 아니면 아예 누굴 나오라고 하나?! 우두커니 대폿집에 혼자 앉아 곡차 마시는 꼴을 남들에게 보이기도 싫은데.., 날이 우중충 한데 우산을 갖고 나갈까?!, 인사동까지 나갈 생각을 하면 미리 피곤해지는데, 더구나 금요일에 인사동에 나갈 일이 있는데, 오늘은 나가지 말고 차라리 금요일에 나가서 한 잔 할까?!, 왜 허리는 아픈 걸까?!, 잠을 엎드려서 자서 그런가?!, 인사동으로 금요일에 나오라는 손 전화 한 사람은 무슨 의도일까?!, 지난 번 우연히 인사동에서 만났었을 때 술 값을 못 내주어서 그랬었는지 그 사람이 그리 달가워하지도 않았었는데..

아무튼 무슨 생각이 그리도 많은 건지, 늘 머리가 아플 지경이다. 그래서 뭘 결정하기도 힘들지만, 결정을 하고서도 힘이 든다. 모든 것이 벌써 다 귀찮아지고, 미리 너무 생각을 해서 이미 피곤해져서, 한마디로 다 내가 하수라서.. 후후! 그리고 그 하수라서 내공이 심오하질 못해서 운기 조식이 잘 안 돼서 그런지 사는 것을 늘 피곤해 하고 힘들어만 한다. 그래서 길

거리에서 또 한 잔을 하는 거고..

언제나 머리가 아주 맑은 상태가 될까?! 아마도 죽은 후에나.. 후후! 나 같은 잡념이 끝없이 많은 하수는, 결국 죽어야만 무념의 고수가 될 수 있는 걸까?! 하하!

절과 교회 그리고 돈

사는 게 뭔지

속상하다는 환자가 오면 우습게도 괜히 사는 게 뭔지 아는 척을 하면서, 주절주절 잘도 떠드는 편이다. 그래서 하루에도 열두번도 더, 절과 교회의 좋은 말씀들을 슬쩍 흉내를 내어 "사는 게 본질적으로 고 입니다. 사는 게 바로 괴로운 것이지요. 그래서 욕심을 즉 마음을 비우셔야 합니다!", 아니면 "모두를 무조건 사랑하셔야 합니다. 나 자신에게 내가 하듯이 다들 용서해 주셔야 합니다!" 라고 말을 하면서 위로를 한답시고 주제넘게 떠들기도 한다. 후후!

.....절과 교회 그리고 돈.....

아침부터 할머니 환자가 우시며 하소연이다. 일찍이 과부가 돼서, 오 남매를 무척이나 고생하며 혼자 키웠으나, 그 자식들이 이젠 아무도 할머니를 모시지 않겠다고 서로 미루다 급기야는 싸운다고 하셨다. 칠년 전 허리 병으로 수술을 한 후 일을 못해 그 동안 자식들에게 신세를 지고 살고 있었는데, 특히 요즈음 들어서는 자식들이 서로 싸움들을 하면서 할머니께조차 직접 싫은 소리들을 해 댄다고 하셨다.

"할머니, 교회에 다니시나요? 아니면 절에 다니시나요?" 라고 물은 후, 절에 다니신다는 할머니께 "자식들이 다 웬수지요!", "마음을 비우세요." "어쩌면 이 모든 괴로움이 내 자신에 욕심에서 오는 건지도 모릅니다." 라며 아무리 이 말 저 말로 달래도 할머니는 계속 울기만 하셨다. "차라리 절에 가셔서 며칠이라도 마음 편히 계시다 오시지요!" 라고 했더니 몰라도 한참 모르는 구나!? 라는 씁쓸한 표정을 지으시며 "원장님, 절에는 아무나 가서 자고 오나요?!", "다 돈이 있어야지요!" 라고 하셨다. 하하! 그렇지! 돈이 있어야지..

점심시간에 온 몸이 타박상으로 범벅이 된, 거기다 갈비뼈마저 부러진 응급환자가 왔다. 친구가 목사님으로 있는 교회에서 가끔 본 중년의 아저씨인데, 공장을 철거하는 사람들과 시비가 붙어 다쳤다고 했다. 내 점방 근처에 재 개발 한다는 택지에서 수년 째 공장을 해 왔던 분이었다. 너무 턱없이 땅값을 싸게 쳐주고는 나가라 해서 벌써 한 달이 넘게 데모를 하는 중이라고 했다. 응급처치를 서둘러 한 후 큰 병원으로 이송을 시키려고 했더니 막무가내로 다른 병원에는 절대로 안 가고 차라리 다시 공장 부지로 가서 그 곳에서 철거하는 사람들에게 맞아 죽겠다고 했다. 화를 이기지를 못하고 계속 너무 흥분해 있어, 일단 흥분을 가라앉히려고 얼떨결에 "목사님을 불러 드릴까요?!" 라고 했더니 "목사가 뭘 알아요?!", "그저 나보고 참으라고만 하지, 조금이라도 일을 해결해 줄 수가 있습니까?! 하다못해 대신 싸워주길 합니까?!", "그렇지 않아도 얼마 전에 목사가 남에 속도 모르고, 땅 값 보상이 나오면 교회 건축 헌금을 두둑이 내라고 해서 얼마나 화가 났었는지 모릅니다." 라고 했다. 후후! 그래, 그 돈이 항상 문제지...

그러고 보니 어지간한 산이란 산에는 절들이 대부분 자리잡고 있고, 요사이는 도심에조차 있기도 하다. 더구나 뭐 교회야 더 말 할 것도 없지만, 도심의 밤하늘에 보이는 거라고는 온통 빨간 십자가뿐이다. 그런데, 요즈음 좋은 위로의 말씀을 해 주는 교회와 절들이 이렇게 많은데, 왜 사람들은 모두 다 늘 속상하다고만 할까?! 아! 돈들이 없어서.. 후후!

그래서 하는 말이지만, 어쩌면 세상의 가장 큰 가치가 돈이 되어 버렸나 보다?! 예나 지금이나 아무도 그렇다고 대 놓고 말 하는 사람은 물론 없지만.. 하하!

수희 엄마

사는 게 뭔지

내 점방에 단골인 수희는 염색체 이상으로 선천적으로 병이 있는 중학생 아이다. 보통 아이들과는 확연히 다르다. 몸도 왜소하고 심지어는 얼굴도 좀 일그러져 있다. 혼자서는 밥도 잘 못 먹는 상태이다. 물론 학교도 소희 엄마가 늘 데리고 같이 가 주어야 하고.. 난 소아과 전문의가 아닌데도 늘 수희 엄마는 무슨 일이든, 소희가 경기를 해 의식이 없던, 토를 하며 복통을 호소하던, 사소한 감기가 걸리던 간에 무조건 내 점방으로 온다. 내가 뭐 특별한 의사도 아니고, 병원비도 꼬박꼬박 받고, 그저 수희를 볼 때마다 “우리 수희 이번 겨울에 더

예뻐졌구나!" 라고 말해준 것 밖에 없는데..

.....수희 엄마.....

늘 오후가 되면 배가 출출 한데, 마침 어제는 수희 엄마가 강원도 동해시로 수희와 여행을 다녀 왔다며 마른 오징어 묶음을 한 보따리 놓고 갔다. 간호사 선생님이 입에서 비린내 나면 어떡하시냐?!고 걱정을 했지만, 나는 천연덕스럽게 "뭘 어때요?! 수희 엄마가 사다 준 건데..!"하면서 두 마리나 날름 해치웠다. 후후!

여행가기 전 혹시 수희가 여행 중에 아프면 어떻게 하냐며 걱정을 해서 "손 전화 두었다가 뭐에 쓸 거냐?!"며 아무 때나 무슨 문제든 간에 연락하라고 하고서 동해시에서 개업하고 있는 친구 병원 약도를 그려주고는 걱정 말고 제발 다녀오라고 조언을 해 주었다. 수희도 그렇지만 실은 옆에서 수희를 늘 끼고 지키는 수희 엄마야 말로 그 여행이 꼭 필요할 것 같은 생각에 더욱 권유를 하였다.

가끔이지만, 멀쩡히 밥 잘 먹고 학교 잘 가는 내 작은 아이를 방 정리가 안 돼 있다며 심히 야단을 치는 내가 더구나 그런 사소한 일을 갖고서 내 자신이 무척 힘들어 하는 내가, 수희 엄마를 볼 때마다 "얼마나 힘들까?!" 하며 "내 자신은?!" 하고 비교를 하면 마음 속으로 얼마나 창피하던지..

오늘 아침에도 수희 엄마, 아버지가 난리를 치면서 수희가 수도 없이 토한다며 학교에 있는 수희를 대리고 점방으로 왔다. 먼저 서둘러 부모님들을 안정시키고 수희 배를 만져보려는데 몹시 냄새가 나는 음식물 찌꺼기들을 내 얼굴에 대고 다 토했다. 수희에게는 "차라리 다 토했으니까 배가 덜 아프지?!"했더니 그렇다고 고개를 끄덕였다. 간호사 선생님이 토한 것을 치우다가 짜증을 낼까봐 서둘러 내가 점방 바닥에 있는 토사물까지 얼른 치웠더니 수희 엄마가 너무 죄송스러워해 나도 모르게 "병원에서 만이라도 내가 수희를 돌봐 줄 테니 마음 좀 편히 하지요" 라고 말을 해주었다. 내말에 수희 엄마가 슬며시 고개를 돌리고 울었다.

처방전을 받아들고서 점방을 나가는 수희 엄마와 아버지가 거듭 감사하다고 하기에 내가 기왕에 말 나온 김에 한마디 더 하겠다고 하고선 "수희 결혼식 주례는 내가 합니다."라고 했더니 수희 엄마가 "그러면 얼마나 좋겠어요. 수희가 그 때가지 살고 결혼을 하게 된다면 당연히 선생님께 또 부탁드려야지요."하며 점방을 나갔다.

내겐 수희 엄마가 부처님이고 예수님이고 공자님처럼 보인다. 그래서 내가 수희에게 뭘 해주는 게 결코 아니다. 오히려 내가 수희 엄마에게 늘 무척 많은 가르침을 받는가 보다. 그래서 말이지만 앞으로는 우리 둘째 녀석 방 안 치운다고 공부 안 한다고 절대로 야단치지 말고 수희 엄마만큼은 못 하더라도 무조건 더 많이, 아니 아주 많이 사랑 해 주어야겠다.

고 향

사는 게 뭔지

며칠이 지나면 추석이다. 수많은 사람들이 고향을 찾아 먼 길을 떠나겠지?!

.....고향.....

고향이 태어나서 자란 곳이라면, 내 고향은 서울이다. 그러나 그 서울이란 게 위치 적으로 보나 마음 적으로 보나 너무 광범위해서 한 마디로 "내 고향이다!" 라고 할 만큼 마음에 썩 내키지가 않는다. 그래서 내 마음 속에는 고향이 없다. 또한 부모님의 고향이 내 고향이라고 억지로 친다 해도 나는 고향이 없다. 부모님 두 분 모두가 고향이 이북이시라서 난 단 한 번도 부모님 고향에 가 본적이 없으니까 이북에 있다는 부모님의 고향에 대해서 그렇고 그런 가보고 싶다는 느낌들이 전혀 없으니 말이다.

남들처럼 부모님이 살아 있으시면 부모님 계신 곳이 고향이고, 설혹 돌아 가셨다면 부모님 묘가 있는 곳을 고향이라고 생각하고 추석에 가면 되는데, 나는 그 마저도 좀 난감한 형편이다. 부모님이 두 분 다 일찌감치 돌아 가셨고, 부모님 묘가 미국에 있으셔서다. 더구나 같이 있으신 게 아니라, 비행기로 4시간 정도 날아가야 하는 거리에 떨어져 계신다. 미국을 한 번 가기도 말처럼 그리 쉽지가 않지만, 간다 해도 그 곳에서조차 비행기를 타고 돌아 다녀야만 할 정도로 길이 멀기도 하고 시간도 무척이나 든다. 그래서 아무리 추석이라고 해도 사는 걸 접고 선뜻 나설 수가 없다. 결국 나는 이래저래 갈 고향이 없는 가 보다.

사는 게 무척 힘들다고 하면서도, 주위에 있는 대부분의 사람들은 추석이라며 한 껏 멋을 낸 새 옷들을 차려 입고 이 것 저 것 선물들도 많이 사서 고향들을 간다. 고향이 없는 나는 늘 살아오면서 그런 사람들이 얼마나 부러웠던지 모른다. 그래서 그런 건지 나는 이미 오래 전부터 매 번 추석 휴일 내내 나 자신도 알 수 없는 이유로 짜증만 내고 지냈었다. 후후!

오래 전 어느 해 추석에 짜증만 내고 지낼 내가 한심해서, 아니 솔직히 말하자면 바로 그 전 해 추석에 혼자 곡차를 많이 마시고 취해서 우스꽝스럽게도 어디든 가겠다는 억지심사로 목적지도 없이 길을 나섰다가 큰 교통사고를 내서 또 무슨 사고를 낼 것만 같은 걱정 때문에, 이 번 추석에는 가짜라도 내 고향을 만들어서 미리 준비를 해서 가자! 라는 심사로 동해 바다로 가는 시외버스를 타고 가짜 고향 나들이를 떠난 적이 있었다. 그러나 무척이나 썰렁하게도 몇 명이 체 안 됐던 버스 손님은 태백을 지나서는 나 밖에 없었고 그나마 그 버스마저도 태백을 지나 도계로 넘어가던 중에 고장이 나서 동해 바다 구경은 고사하고 저녁밥도 제대로 챙겨 먹지도 못한 체 어딘지도 모르는 시골 길에서 멍하니 쭈그리고 앉아 버스 고치기만을 기다리며 밤을 지새운 적이 있었다. 내 팔자가 본래 그런 건지 추석이랍시고 억지로 만든 내 가짜 고향 가는 길조차 결국 그 모양 그 꼴이 됐었다. 하하!

올 해 추석은 내가 벌써부터 미리 이렇게 고향 타령을 하는 걸 보면, 추석 내내 이유도 없는 짜증을 부리는 정도가 아니라, 딱히 갈 고향이 없는 내 신세타령 때문에 추석 며칠 전부터 아예 몸살을 심히 앓으려고 하는 가 보다. 아무튼 지난 해 추석 때처럼 동네 껄렁한 대폿집에서 날이 훤한 점심때부터 혼자 곡차 한 잔을 하고서 울지나 말아야 할 텐데.. 아! 사는 게 뭔지?! 후후!

도 반

사는 게 뭔지

벌써 4월이 중순을 넘어섰는데도, '날이 영 아니올시다!'다. 어제는 비까지 세차게 내려 막걸리 한 잔 들이키려는 심사로 일을 서둘러 끝내고서 연신내 역 먹자골목으로 기차를 타고 갔다.

.....도반 (불교 용어, 같이 도를 닦는 벗).....

최근에야 알게 되어 몇 번 만난 나만큼이나 술을 즐겨하시는 외모가 도인 같은 아는 분에게서 "비 오는데 한 잔 할까요?!" 하는 손 전화 메세지를 받고, 물론 오전에 내가 먼저 "오늘은 무척 술이 고프네요!"라고 문자를 보냈지만, "술값도 준비해 오시지요!"라고 다시 손 전화를 하고서는 "참 뻔뻔하다!"란 생각을 떨칠 수가 없었다. 내 얄팍한 양심에 비추어 보더라도.. 후후!

아무튼 늘 남 먼저 배려를 해주시는 점잖은 그 분을 만난 후 술 값도 없는 주제에 술 운운 한 것에 대한 변명이라도 할 요량으로 술 취해 헛소리하기 전에 서둘러 "길거리에서 떠돌며 한 잔 하고 '사는 게 뭔지?!' 를 벌써 수 년 째 고심하고 있습니다." "뭐 말은 그럴 듯해도 왜 길 거리에서 술 마시고 헤메고 다니는가?!에 대한 궁핍한 변명일 뿐 이지요" "심지어는 이번 달만 해도 벌써 두 번이나 지갑을 잃어버리고 삼일 전에는 손전화조차도 잃어버렸습니다. 그래서 오늘은 거지 입니다."라고 했더니 뜻밖에 "그러시다면 우리가 도반이군요" "저도 늘 헤메고 마시고 자주 지갑도 잃어버립니다!"라고 그 분이 말씀을 해 갑자기 내 자신이 아주 멋있는 사람이 된 것만 같아 멍-한 일취월장한 느낌이 다 들었다.

내 자신이 생각하기에도 좀 과한 술버릇 덕분으로 주변에 아는 분들에게서도, 심지어는 집에 있는 아이들에게서도 조차 늘 술 좀 고만 마시라는 충고를 듣는 술주정뱅이 배추장수

(내가 내 자신을 늘 배추장수라고 인사동 술자리에서 소개를 한다. 그렇다고 배추장수를 우습게 보는 것은 절대로 아니지만) 취급을 받았었는데, 술 마시고 술 취한 체 이 대폿집 저 대폿집으로 길거리 떠도는 '걸어 다니는 주막' 인 날 감히 그 분의 도반이라고 말씀을 해주시다니?! 참! 내일은 해가 서쪽에서 뜨려나?! 오래 살다보니 이런 날도 있긴 있구나! 하는 생각에 웃음이 절로 났다. 하하!

결국 비가 하염없이 내리는 어제 밤 2차까지 몰염치하게 잘 얻어먹고 연신내 기차역에서 헤어지며 그 분 뒷모습에 대고서 "실은 난 술 마시길 좋아 하는 사람이나 찾아다니는 사꾸라지만, 늘 옳고 그름을 떠나서 더구나 사람을 가리지 않고 누구든 남부터 배려 해 주시는 당신이야 말로 이미 도 다 닦은 진정한 도인 이시요!"라고 나도 몰래 중얼거렸다. 아! 사는 게 뭔지?!

무낙기행

사는 게 뭔지

늘 어디를 갈까보다! 하지만 딱히 갈 곳을 못 정하던 차에 아는 분이 문학 기행을 다녀오셨다고 해서 제법 장거리 코스이지만 그 분 따라 나도 폼 좀 잡는다고 나만의 '문학 기행' 이라며 충남 서산 근처의 개심사와 태안을 지나 만리포 천리포까지 한 나절에 다녀왔다.

.....무 낙 기행.....

목요일에 술을 너무 거나하게 해 금요일에 정신을 못 차려 은행가서 돈을 못 찾아 놓아서 한 푼 돈도 없는데, 물론 카드도 없고, 칠성사이다나 찐 계란도 없이 물만 다섯 통을 얼려 갖고 길을 떠나려니 뭔가 좀 허전하기도 했었지만, 똥배짱으로 무작정 차를 끌고 길을 떠났다. 차에 기름도 겨우 반 정도였었고.. 물론 돈 없이 살아본 기억이 뭐 전혀 없는 것도 아니지만, 돈 없는 주말이란 것이 좀 섭섭한 것은 더운 날 시원하게 막걸리라도 한 사발 하고픈데 그러지를 못해서지만, 아무튼 그래서 더욱 오기로 길을 떠났는지도 모르겠다.

오랜만에 나선 길이라 그런지 서해대교도 낮이 설고, 차에 최신 네비게이션이 있는데도 서산 인터첸지에서 개심사까지 한참을 헤맸다. 겨우 찾아 들어간 개심사 해우소가 얼마나 고풍스럽던지 냄새는 물론 깐 엉덩이에 모기가 무척 달려들어, 더 이상 참을 수가 없어 해우소에서 볼일도 제대로 다 못 본 체 나온 후, 우리 동네 절 보다 훨씬 보잘것없는 개심사를 둘러보고 말고도 없이 그냥 떠나 오고 말았다. 절 이름처럼 혹시나 개심사에 가 내 마음을 열면, 평상심을 찾지나 않을까?! 하는 마음이 이었는데.. 후후!

혜미 읍성 태안을 거처 만리포까지 길들이 예전 같지 않고 무척 좋았다. 거의 고속도로 수준이랄까?!

만리포에 도착했더니 바다 안개가 끼여 바닷물은 잘 보이질 않았지만, 백사장에서 신을 슬리퍼를 준비 안 한 것을 때 늦게 후회를 했다. 아무튼 바다 물에는 들어 가보지도 못하고 만리포 해수욕장 주변을 한 바퀴 둘러보며 옛 생각도 해보았지만, 금강산도 식후경이라고 배가 고파져 뭘 먹을까를 생각하다. 주머니에 한 푼도 없다는 사실에 거의 절망을 했다. 후후!

천리포 수목원의 입장료가 무려 팔 천 원이나 한다고 해서 들어가지도 못하고, 실은 창피한 고백이지만 그곳으로 '문학 기행' 가셨다는 글 잘 쓰는 아는 분이 앉았었다는 천리포 수목원의 그 소나무를 찾아 엉덩이를 대고 나도 고즈넉하게 앉아보려는 심사로 그러면 혹시 나도 글을 잘 쓰려나?! 하는 유치한 생각으로 '문학 기행'을 떠난 거였었는데, 천리포 수목원은 입장료가 없어 들어가 보지도 못하고 바다 비린내 진하게 나는 만리포 옆 모항을 거쳐 서둘러 서산으로 나와 집으로 방향을 잡았다.

배는 고프지만, 먹을 건 없고 물론 사 먹을 돈도 없고 그나마 다행으로 준비해간 얼린 생수만 5통을 마셨더니 소변이 너무 마려워졌다. 서산에서 미리 소변을 볼 것을, 업 친데 덥 친다고 휴게소도 없는 서산 당진 간 구간에서 3중 추돌 사고가 나 차는 정체되고, 점점 더 힘들어져만 가다가 급기야 바지에 몇 방울을 실례를 하고는 더 이상 참지 못하고 고속도로 노상에서 내차 뒷바퀴에 방뇨를 하고 말았다. 늘 집에만 세워두던 차를 겨우 끌고 나와서는 한 짓이 바퀴에 대고 방뇨를 했으니, 내 차에 대해 어찌나 미안 하던지! 다음날 아침 출근 전에 페브리즈를 뒷바퀴에 듬뿍 뿌려주며 차에게 사과를 했다. 하하!

남들은 제대로 된 글 쓰려고 그럴뜻하게 '문학기행' 을 다녀온다는데, 나는 길 떠나봐야 겨우 '무 낙 기 행' 만 갔다 오니, 언제나 난 글 빨이 제대로 될까?! 하하! 아! 사는 게 뭔지?!

최봉희

수필문학가협회 회원
2004 문예사조 수필 등단 | 2004 시조 문학 등단
계간〈글벗〉편집주간 | 경기도 문학상
수필집「사랑은 동사다」,「봉주리 선생」
시조집「꽃딸 풀잎따라」| 현) 김포중학교 재직

글벗을 찾아서 209

글벗을 찾아서

어느덧 불혹이 지나고 천명의 나이가 되었다. 이제야 철이 들어 붓 잡고 글 쓰는데 반절의 원고지 인생 빈 여백이 너무나 많다. 그것은 독불장군처럼 내 중심의 삶을 살고 내 인생의 이야기만 쭉 늘어놓다보니 공감의 마음도 감동도 흐르지 않는다.

중학교 시절에 사람 인(人)를 배웠다. 그렇지만 그 의미를 알기까지는 오랜 세월이 흘렀다. 어쩌면 그 의미를 깨닫게 된 것은 최근의 일이 아닌가 싶다. 세상엔 홀로 살 수 없다는 진리를 절절하게 깨달았다.

눈을 틔워 귀 밝히고 포삭포삭 가슴을 열었지만 금이 간 마음들뿐이었다. 내 가족을 챙기기 보다는 내 중심의 삶이었고, 이웃을 생각하기 보다는 이기적인 마음뿐이었다. 도무지 세상을 살아가는 감사의 마음이 없었다.

그러다 입신양명의 꿈이었을까. 아니면 세상에 이름을 알리고 싶은 욕심때문이었을까? 2007년에 욕심껏, 계간 '글벗' 이라는 문예지를 주도해서 창간했다. 참여하는 작가들에게 얼마 안되지만 원고료라도 드리고 정말 글쓰기를 좋아하는 마음으로 일을 저지르고 말았다. 아름다운 글로 행복한 세상을 만들겠다는 의지도 천명했다.

백송향 그득 담은 심연에 자리 펴고
오롯한 열정으로 시심을 갈고 닦아
일편의 사랑을 풀어 푸른 바다 찍었다.

낡은 옷 갈아입고 희망의 옷을 들고
머나 먼 꿈 이야기 추억을 적다 보니
고루한 행복이라나 그래도 난 꽃등 켠다.
– 최봉희 시조 〈행복론〉

그러나 그 첫 마음은 쉽게 무너졌다. 가장 큰 문제는 금전적인 문제였고 그 다음은 우리 나 좋은 글벗을 만나거나 협력할 수 있는 글벗을 찾기 어려웠다. 모두가 부덕한 내 탓이리라.

무엇보다도 마음 문을 열고 소통할 수 있는 배려와 나눔의 자세가 되어야 함에도 나는 아직도 너무나 많이 부족하다.

무엇보다도 내 마음의 문을 제대로 열지 못하는 것이 문제다. 다른 사람들의 말을 들어주고 경청해야 함에도 내 주장을 앞세우고 내 의지만을 붙잡고 일을 추진하기 때문이리라.

어쩌면 고집인지도 모른다. 처음엔 동호인 수준의 계간지를 만들려고 해도 적어도 1~2백 만원의 발간비가 필요함에도 불구하고 주머니돈을 모으고 쌈지돈을 모아서 그냥 밀어붙이고 있다. 그러다보니 재정적인 어려움이 닥쳤다. 결국 3년 동안 휴간을 해야 했다. 그리고 다시금 일어서서 올해부터 다시 계간 글벗을 발간하기 시작하여 봄호, 여름호, 이제 가을호를 발간하기에 이르렀다. 그런데 일이 또 터졌다. 제2회 글벗문학상 공모에 낙선한 작가의 작품을 작가의 허락 없이 문예지에 게재되었던 것이 화근이 되었다. 어떻게 그런 일이 벌어진 일인지 나중에 알게 되었지만 분명 편집주간인 나의 잘못이었다. 결국 사과문과 함께 정신적 물적 배상금을 지불해야 하는 일까지 생겼다.

지금은 글벗작가회 회원들과 십시일반 힘을 모아서 따뜻한 마음으로 그 중지를 모으고 있다. 백짓장도 맞들면 낫다고 하지 않았던가.

하지만 나의 진실을 순수한 마음으로 받아들이지 않고 색안경을 끼거나 편견을 갖고 바라보는 일들이 참 많다. 이를 통해 금전적인 욕심을 부리는 것은 결코 아닌데도 말이다. 그래서 생각한 것이 내가 발간한 책의 수익금이 생기면 일부라도 어려운 학생들을 돕겠다는 마음을 가족과 이웃들에게 표하고 '글벗장학금' 조성에 나섰다. 물론 타인의 도움을 받지 않고 홀로 운영하는 일이다. 매년 100만원의 장학금을 지급하고 있다. 올해도 파주의 고등학교와 김포의 중학교에 장학금을 지급했다.

아직도 나는 이 곳, 저 곳을 기웃거리며 뜻을 같이하는 글벗을 찾아 헤매고 있다. 진정 순수한 마음으로 뜻을 함께 하는 동지를 찾고 있는 것이다. 물론 그 작업은 정말 어렵고 힘들다. 우선 내가 겸손해야 하고 낮아져야 하며 상대방을 배려하고 이해하는 일이 필요하기 때문이다. 그리고 그들의 말을 경청해야 한다. 그 때문일까. 진정한 글벗을 찾기란 여간 힘든 것이 아니다. 물론 내 진심이 통하지 않기 때문이리라.

흐르는 시간 속에
연필심을 세운다

홀로 빛날 수 없어
함께 쓰는 글마음

언제나

순결함으로
어깨동무하련다.
– 최봉희 시조 〈글벗〉

이제 좋은 글벗을 찾아서 소통과 나눔, 이해와 배려가 있는 그런 순박한 마음의 장이 필요하다. 어디에든 자주 찾아가서 벗을 만나고 마음을 열어야 좋은 친구가 생기지 않을까 싶다. 아직 준비되지 않은 마음들, 많은 수련이 필요하리라. 마음을 마음껏 펼칠 수 있는 그런 날이 언제 올까.

혼자서 설 수 없어
함께 쓰는 글 마음

바른 글 좋은 생각
아름다운 세상을

오롯이
한 마음으로
우리 글말 세우련다.
– 최봉희 시조 〈글마음〉

강촌수필문학회 회칙

제 1 장 총 칭

본 회는 '강촌수필 문학회' 라 칭한다.
'강촌 수필' 이라 약칭한다.

제 2 장 목 적

본 회는 수필 문학을하는 동인들로서 회원을 구성하여 회원간의 문학적 공감대를 위해 화합하며, 사회의 정서 함양을 위해 적극적으로 문학 활동하는 것을 그 목적으로 한다.

제 3 장 사 업

본 회는 수필 문학의 발전을 위해 다음과 같은 사업을 한다.

1) 회원의 수필을 상호 교류하며 작품성을 향상시키기 위한 일을 한다.
2) 문학 협회를 비롯한 각 단체와 교류하며 문학적 활동 기반을 확장한다.
3) 회원 및 문학인들 간의 친목과 유대를 위한 각종 사업을 펼친다.

제 4 장 권리와 의무

본 회의 모든 회원은 다음과 같은 권리를 가지며 또한 의무를 진다.

1) 본 회의 회원은 본회의 모든 회의와 사업에 참여 할 권리를 갖는다.
2) 본 회의 회원은 본회의 이름 하에 수필 활동을 할 수 있다.
3) 본 회의 회원은 소정의 회비 및 의결에 따른 비용을 지불 해야 한다.
4) 본 회의 회원은 본 회의 회칙과 의결 사항을 따라야 한다.
5) 본 회의 회원은 본회에서 발간하는 동인지에 소정의 수필 원고를 제출해야 한다.
6) 본 회의 회원은 본회의 명예와 품위를 저해하는 행위를 해서는 안된다.

제 5 장 회 원

본 회는 본회의 목적과 사업에 찬동하는 다수 인을 회원으로 둔다.
본 회의 운영을 위하여 회원은 다음과 같이 구분한다.

1) 정 회 원 : 본 회의 회원으로서 출석의 의무, 회비 납부의 의무 등 본 회의 의무를 다 한 자를 정회원으로 한다.
정회원은 본회의 모든 권리와 의무를 지닌다.

2) 명예 회원 : 본회의 명예와 발전을 위하여 공헌한 자를 상임회의 심의 후 총회의 결정에 따라 명예회원으로 한다. 명예회원은 본회의 회원으로서 모든 권리를 가지나 회비 납부의 의무는 면제된다.

3) 준 회 원 : 본 회는 온라인 혹은 기타 본회 활동에 동참하며 본회의 목적에 찬동 하는 사람을 상임회의 결정에 따라 준회원으로 한다.
준회원은 본 회의 모든 회의에 의사 결정권과 임원을 위한 피선거권이 주어 지지 않는다.

제 6 장 임 원

본 회는 다음과 같은 임원을 둔다.

1) 상임회원 : 본회는 전임회장으로 그 임기를 다 한자를 총회의 의결에 따라 상임회원으로 둔다.
2) 회 장 : 본 회는 1명의 회장을 두어 본회를 대표하고 모든 업무를 총괄하며 본회의 모든 회의의 의장이 된다.
회장은 상임회의에서 선출하여 총회의 추인으로 임명하고 그 임기는 2년으로 하며 1회에 한하여 중임 할 수 있다.
3) 차기회장 : 본회는 1명의 차기 회장을 두어 회장 유고시 그 직무를 대행하고 본회의 사업 전반을 관장하며 회장 임기 만료시 본 회의 회

장이 된다.
차기 회장의 임명과 임기는 회장에 준한다.

4) 재 무 장 : 본회는 1명의 재무장을 두어 본회의 재정 및 모든 회계 업무를 관장 한다.
재무장은 회장이 지명하여 총회의 추인을 받아 임명하고 임기는 회장에 준한다.

5) 감　　사 : 본회는 1명의 감사를 두어 본회의 재정 및 운영에 대한 감사를 맡는다.
감사는 총회에서 선출하며 그 임기는 2년으로 한다.

제 7 장　회의 및 집회

본 회는 다음과 같은 회의 및 집회를 갖는다.

1) 정기 총회
· 연말총회 : 매년 12월 중에 회장이 이를 소집하며 연말 결산, 회칙 수정, 임원 개선 등 주요 사안을 의결한다.
· 연시총회 : 매년 1월 중에 회장이 이를 소집하며 연중 예산 및 계획을 심의 의결한다.

2) 임시총회 : 회장 혹은 회원 5인 이상의 요청이 있을시 이를 소집한다.
총회와 같은 성격을 갖는다

3) 상임회의 : 임원 및 상임회원으로 구성하며 회장의 소집에 따라 본회의 사업 전반에 대해 심의 의결한다.

4) 정기집회 : 매월 첫째 목요일에 강촌 회관에서 갖는다.
회원간의 수필을 교류하고 공부하며 화합의 기회를 갖는다.

제 8 장　회원의 가입 및 제명

1) 회원의 가입 : 회원의 가입은 회원의 추천에 의하여 상임회의의 결정에 따라 가입된다.

2) 회원의 제명 : 회원이 본 회의 회칙에 명시된 의무를 다 하지 않았을 때 당

회원은 상임회의의 결정에 따라 제명 혹은 징계 할 수 있다.

제 9 장 재 정

본 회는 본회의 운영을 위한 재정을 획보하기 위하여 다음과 같이 회원에게 이를 징수하고 또한 기타의 방법으로 재정을 마련한다.
본 회의 모든 재정은 상임회의 의결에 따라 지출해야 한다. 단 회장의 책임하에 월 삼십만원(300,000)의 한도 내에서 이를 사용 할 수 있다.

1) 입회비 : 본 회의 정회원으로 가입 할 시 가입비 일십만원(100,000)을 징수한다.
2) 연회비 : 본 회의 정.준회원에게 연회비 이십만원(200,000)을 징수한다.

3) 찬조금 : 각 계로부터 찬조금 및 지원금을 받아 본회의 재정으로 마련한다.

제 10장 부 칙

1) 본 회칙에 명시되지 않은 사항은 일반 관례에 따른다.
2) 본 회의 회계연도는 1월 1일부터 12월 31일로 한다.
3) 본 회칙은 총회의 의결을 거친 후 즉시 그 효력을 발생한다.

회칙 개정일 : 2011년 10월 27일

회원록

명예회원

강범우	011-9117-3725	월현산방
박선규	010-9967-0804	cafe.daum.net/artcreative
이화국	010-2758-3227	38hwakook@hanmail.net

회 원

권미향	019-354-0879	mehwadongsan@hanmail.net
김일란	019-522-8063	ranessay@hanmail.net
김필레	011-9110-7818	kp1815@daum.net
김희숙	017-392-0344	khssilvia@hanmail.net
박문재	010-3676-6921	munjae52@goyang.co.kr
배희님	010-5253-4930	paen4930@yahoo.co.kr
신영숙	010-4403-6007	sophist427@naver.com
신진숙	011-9265-4950	crom0518@lycos.co.kr
유재경	010-3356-9134	ieikyou@hanmail.net
이차옥	019-669-1489	ico912@hanmail.net
최정은	011-9029-7012	essaychoi@hanmail.net
황경원	011-9729-8483	hwang_kw@hanmail.net

권오화	031-907-2191	
김미루	010-6886-3008	miru01@hanmail.net
김숙한	010-7725-5907	lake5926@hanmail.net
김영미	031-903-5667	
김영옥	010-9091-0759	mamasita59@hanmail.net
김인애	010-2521-5557	
김정기	031-906-5179	kime_55@hotmail.com
김 철	016-244-1119	
김인애	010-2521-5557	
양혜숙	010-6314-1466	bahaman55@hanmail.net
위 영	010-9595-5704	
윤영준	016-774-5980	minari62@naver.com
원민자	031-902-7512	
이요섭	017-280-2905	son2265@lycos.co.kr
이유태	018-379-2265	isjmum@yahoo.co.kr
이은영	011-555-8144	
임주희	02-807-4083	jis2367@hanmial.ne
임진채	010-5235-2520	jisan127@naver.com
정인숙	019-9160-6926	
최경애	010-8127-7342	sweetchoi67@naver.com
최봉희	010-2442-1466	bongjuri@paran.com
최 호	011-756-0100	heewoo11@nate.com
황현주	031-912-0354	

강촌수필문학회 연혁

1994. 6. 2 강촌수필문학회 발족
1994. 12. 18 강촌수필 창간호 발간
1995. 10. 21 강촌수필 제2집 발간 출판기념회
1996. 1. 25 돈.호세.바퀘다노 교수(외국어대) 특강 〈마야문명〉
1996. 2. 6 이삼현 교수(전 국민대 법정대) 특강 〈인간과 문화〉
1996. 2. 27 강범우 교수(덕성여대평생교육원)〈수필이론〉종강과
수료식 (1994. 2. 5 ~1996. 2. 27)
1996. 4. 16 도창회 교수(동국대) 특강 〈수필의 문장형식〉
1996. 7. 9 박선규 교수(군산대) 특강 〈예술작품의 내용과 형식〉
1996. 7. 16 박선규 교수〈老莊思想〉개강
1996. 7. 20 수필문학사 하계세미나 참석 〈전남 무안에서〉
1996. 10. 12 강촌수필 제3집 발간 출판기념회
1997. 2. 21 공덕룡 교수(전 단국대부총장) 특강 〈수필의 해석〉
1997. 3. 20 노장사상老莊思想 종강
1997. 5. 11 '97 고양세계꽃박람회 문화행사 참여 〈노을과 음악이 흐르는 수필낭송회〉
1997. 6. 4 '97고양세계꽃박람회장 신동영고양시장으로부터 감사패 받음
1997. 6. 11 이삼현 교수(전 국민대 법정대)강의 〈종교와 인간〉개강
1997. 6. 28 '송강 정철' 시비 제막식 참가
1997. 8. 29 중남미 문화원 탐방
1997. 10. 18 강촌수필 제4집 출판기념회
1998. 4. 3 '백만인의 수필교실' 저자 강범우 교수 수필론 개강
1998. 5. 6 울진 원자력본부 초청 세미나참석 (한국신문학회 주관)
1998. 5. 15 〈종교와 인간〉 종강
1998. 6. 13 두번째 수필낭송회 〈 '개벽' 에서 부르는 노래〉

1998. 6. 18	'문부집석文賦集釋' 박선규 교수(군산대) 강의 개강
1998. 10. 25	양혜숙 회원 제9회 문예사조 문학상 우수상 수상
1998. 12. 4	수필낭송회 〈송년의 밤〉
1998. 9. 30	강촌수필 제 5집 '바람은 쉬지않는다' 발간
1999. 1. 19	전대주(신경정신과 전문의) 특강 〈인간의 본능〉
	김정오 교수 특강 〈수필의 유형〉
1999. 5. 30	제4회 수필낭송회 〈호수에서 부르는 노래〉 호수공원 주제광장에서
1999. 6. 19	신진숙 회원 '열리지 않는 창' 시집 발간
1999. 8. 11	야외수업 〈기차로 떠나는 문학기행〉
1999. 9. 30	강촌수필 제6집 발간
1999. 10. 12	강촌수필 제6집 발간 출판 기념 (한국통신 대강당에서)
1999. 12. 15	제5회 수필낭송회 '밀레니엄파티' (문화공간 '개벽' 에서)
2000. 2. 22	기차로 떠나는 테마여행 (간이역 '승부' 에서 '추전' 까지)
2000. 9. 30	강촌수필 제7집 발간
2000. 10. 8	수필이론 강의 개강 (강범우 교수)
2000. 12. 14	제 6회 수필낭송회 '겨울나그네'
2001. 8. 4	한국수필문학 무주 하계 세미나 참석
2001. 9. 30	강촌수필 제8집 발간
2002. 2. 20	'백만인의 수필교실' 종강식 (고양교육청강당)
2002. 4. 4	고양시민공개강의 개강식 동양사상 (삼가사상 유 · 불 · 선)
2002. 7. 30	박문재 회원 수필집 발간 '꽃은 지는 줄 알며 핀다'
2002. 9. 9	신진숙 회원 수필집 발간 '내 안의 봄봄'
2002. 9. 26	동양사상 25강 공개강의 종강
2002. 10. 10	강촌수필 제9집 발간 '흔적, 그 속으로'
2002. 10. 20	양혜숙 회원 수필집 '꿈꾸는 者의 여정'
2002. 12. 19	'책 주는 5일 까페' 이벤트
2002. 12. 26	송년수필낭송회 '흔적 그 속으로' ('개벽' 에서)
2003. 3. 16	지리산 문학기행
2003. 4. 10	화전놀이

2003. 9. 30	강촌수필 제 10집 발간 '길 위의 나날들'
2003. 11. 20	김영순 회원 '언제나 오늘' 수필집 출간
2003. 12. 11	송년 수필낭송회 '길 위의 나날들'
2004. 4. 5	임봉근 회원 별세
2004. 4. 12	제 2회 화전놀이 (가평군 설악면)
2004. 5. 27	강촌수필문학회 사무실 개소식 (주엽동 에비뉴상가 2086호)
2004. 6. 4	김희숙회원 수필집 '무수리의 날개옷' 발간
2004. 6. 10	임봉근회원 추모문집 '호박꽃은 진후에 아름답다' 발간
2004. 6. 24	계간지 '풍경' 창간호 발행
2004. 9. 30	강촌수필 제 11호 동인지 '해 뜨고, 해 지고 꽃 피고 꽃 지고..' 발간
2004. 10. 10	행주문화제 시 · 수필낭송회 참가 고양어울림 별모래극장(고양문협주관)
2004. 10. 15	계간지 가을 2호 발행
2004. 10. 28	낙하리 가을 나들이
2004. 12. 16	송년회 (에비뉴사무실)
2005. 1. 6	신년회 (에비뉴사무실)
2005. 1. 20	계간지 3호 '겨울' 발행
2005. 3. 31	계간지 4호 '봄' 발행
2005. 4. 27	문학기행 (강화 석모도)
2005. 5. 20	김필례회원 월간 '문예사조' 로 수필 등단
2005. 6. 23	계간지 5호 '여름' 호 발행
2005. 9. 30	강촌수필 제12집 발간 (신원출판사)
2005. 10. 2	행주문화제 참여 고양시 음악협회 문인협회 공동기획 공연 '이 가을에 음악과 문학이 만나면' (덕양어울림누리 별모래극장)
2005. 10. 6	동인지 13호 출간 자축연 (백석동 까페 'folkpick')
2005. 12. 7	계간지 6호 '겨울' 발행
2005. 12. 8	2005년 송년회 (강촌사무실)
2005. 12. 20	최봉희회원 수필집 '사랑은 동사다 발간 (에세이출판사)
2006. 2. 13	이은영회원 한국수필문학사 수필공모 당선, 문학시대 봄호 詩 등단

2006. 3. 10 계간지 7호 '봄' 발행
2006. 3. 20 화전놀이 (파주시 탄현면 낙하리)
2006. 4. 29 김유정문학촌 탐방 (춘천 실레마을, 서내문문인협회주관)
2006. 5. 15 스승의 날 기념 회합 (강범우교수를 모시고 '군원' 에서)
2006. 5. 25 황경원회원 에세이플러스 (발행인 임헌영)로 수필등단
2006. 6. 10 계간지 8호 '여름' 발행
2006. 8. 11 제8회 만해대축전 참석 (강원도 인제군 만해마을)
2006. 9. 20 배희님 회원 수필집 출간 '나도 가끔 외도를 꿈꾼다' (사람이 있는 풍경 펴냄)
2006. 9. 30 강촌수필 13호 동인지 발행 (도서출판 신원)
2006. 9. 30 신진숙 회원 시집 발간 '붉은 꽃 열흘', '신발이 부르는 소리' (도서출판 신원)
2006. 10. 16 강범우 교수 탐방취재 동행 - 보령 (고양문인협회 주관)
2006. 11. 26 '아이 러브 고양펜' 시, 수필낭송회 참가 - 어울림누리 별모래극장
2006. 12. 20 계간지 vol.9 가을호 발행
2007. 3. 29 계간지 vol.10 봄호 발행
2007. 9. 30 강촌수필 14집 '에비뉴사서함 2086' 발간(도서출판 신원)
2008. 6. 30 신진숙 회원 수필집 발간 '오늘이 우리를 기억할까' (도서출판 신원)
2008. 7. 24 유재경 신임회장 취임
2008. 8. 12 제 10회 만해축전 참석 (강원도 인제군 만해마을)
2008. 10. 22 강촌수필 15집 발간 (도서출판 신원)
2009. 5. 10 강촌수필 봄호 동인지 발행 (도서출판 신원)
2009. 11. 20 강촌수필 16집 발간 (도서출판 신원)
2010. 1 . 4 배희님 신임회장 취임
2010. 2. 6 강범우 교수님 방문 (보령)
2010. 6. 8 유재경 회원 『Sliling Storya』 발간
2010. 10. 3 고양문협 시 · 수필 낭송회-배희님 회장 수필낭송-
2010. 11. 4 강촌수필 17집 발간 (도서출판 신원)
2010. 12. 16 2010 강촌수필 출판기념회 겸 송년회
2011. 6. 18 황경원 회원 첫 수필집 '종이배를 타고 온 여자', 사진집 '눈부신 모퉁이' 발간
2011. 6. 25 박문재 세 번째 작품집 '강촌으로 가는길' 발간
2011. 7. 20 강범우 교수님 방문 (보령)
2011. 11. 11 강촌수필 18집 발간 (도서출판 신원)

초판인쇄 2010. 11. 11
초판발행 2010. 11. 11
발 행 처 강촌수필 문학회
엮 은 이 배 희 님 · 김 필 례 · 신 진 숙 · 유 재 경
사　　진 황 경 원
디 자 인 배 인 섭

펴 낸 이 배 병 호
펴 낸 곳 도서출판 신원
등　　록 제22-999호
주　　소 서울특별시 중구 신당3동 349-69 유현빌딩 4F
전　　화 02)594-1594 / 583-1623
팩　　스 02)2231-2883
홈페이지 www.sinwonart.co.kr
ISBN 978-89-87884-68-4
값 10,000원